D0490467

Exercices de perception

Pierre Bertrand

Exercices de perception

Liber

Les éditions Liber reçoivent des subventions du Conseil des arts du Canada, du ministère du Patrimoine canadien (PADIE), de la SODEC (programme d'aide à l'édition et programme d'aide à l'exportation) et participent au programme de crédit d'impôt-Gestion SODEC pour l'édition de livres du gouvernement du Québec.

Dépôt légal: 3e trimestre 2006
Bibliothèque et archives nationales du Québec

© Liber, Montréal, 2006
ISBN : 2-89578-100-1
ISBN-13 : 978-2-89578-100-4

Que retiens-tu
En moi de ce nuage
Que je laissais passer
Dans mon regard

Qu'ouvres-tu
De mon âme
Tombée dans l'herbe
Comme un oiseau

En gardes-tu la beauté
Par-delà bien et mal
Joie et douleur
Pour me la rendre

Sylvie Gendron

«De quoi parle votre livre?»

Lors d'une soirée, quelqu'un demande: «De quoi parle votre livre?» Comment parvenir à donner ne serait-ce qu'un début de réponse à une telle question? Le livre parle d'une chose extrêmement simple, si simple qu'elle est difficile, peut-être impossible à dire. La question se fait insistante: «De quoi ça parle?» Le livre serait-il comme celui que Flaubert aurait tant aimé écrire, «un livre sur rien», comme il le confie à Louise Colet dans une lettre: «un livre qui n'aurait presque pas de sujet ou du moins où le sujet serait presque invisible, si cela se peut»? Mais alors, quel est l'intérêt d'écrire un tel livre, et de le lire? Et si nous voulons tout de même aller de l'avant et tenter de dire un peu plus précisément de quoi il s'agit, la question se pose: les circonstances mondaines dans lesquelles nous nous trouvons s'y prêtent-elles? Peut-on ainsi, au cours d'une soirée où les invités ne se connaissent pas, où est forcément à l'œuvre le jeu des images, des statuts et des réputations, tel qu'il a été lancé ou confirmé par les présentations d'usage, laisser tomber les masques et émettre comme ça une parole à la fois singulière et universelle? N'est-ce pas là une prétention inouïe? Y a-t-il là une oreille pour une telle parole, ou celle-ci doit-elle la créer? Mais peut-elle la créer dans un tel contexte? On accepte que quelqu'un parle au nom d'une discipline, d'un statut, d'une profession, d'un groupe, d'une autorité, d'une culture, d'un savoir, mais il est difficile que quelqu'un prenne la parole à partir de l'observation de soi, à l'intérieur d'un questionnement ou d'une recherche sans préalables, sans conclusion. Les questions sous-entendues dans «De quoi parle le livre?» sont «À quoi cela mène-t-il, à quelle conclusion, à quel savoir, quelle pensée en reste-t-il une fois le livre refermé?». Comment dire alors que c'est l'un des objets du livre que de remettre en question cette idée même d'un résultat ou d'une conclusion, qu'il s'agit justement d'autre chose, qu'il n'est pas nécessaire de viser un but, que cela est même nuisible? Comment une telle conversation peut-elle se prolonger au milieu du brouhaha, des interruptions et des amuse-gueule? Y a-t-il vraiment moyen d'aller lentement au fond des choses? Cette activité ne suppose-t-elle pas, au contraire, un tout autre contexte, fait de nudité, d'abandon, de non-savoir, de questionnement de toutes les vérités, de tous les sous-entendus, de toutes les opinions, y compris celle qui dit qu'il faut avoir des opinions? Mais est-il nécessaire d'avoir des opinions sur quoi que ce soit? N'est-il pas préférable de regarder et de se taire? Pourquoi chercher même à montrer ou à se montrer? Cette exhibition fait peut-être partie des valeurs sociales, mais l'acte de regarder n'implique-t-il pas au contraire une coupure avec la respectabilité et le conformisme? Ne s'agit-il pas au fond de tout remettre en question? Mais comment le dire et que cela soit audible? C'est quelque chose de trop simple. Cela est difficile à soutenir, difficile à penser, voire «difficile à vivre», ajoute la pensée qui se prend pour la vie. Il est des questions auxquelles il n'est pas possible de répondre, non pas parce qu'elles sont insolubles, mais parce qu'elles supposent, dans leur formulation même, trop de réponses et qu'aucune ne convient, que commencer à répondre implique la remise en question de tant d'opinions tenues pour évidentes. La question «De quoi parle le livre?» ressemble à celle posée à un peintre devant un tableau fait de lignes et de couleurs, tableau ni abstrait ni figuratif: «Qu'est-ce que ça représente?» La question, sous son apparente neutralité, tire à elle toute réponse possible, instaure un dialogue de sourds. Il faut donc détourner ou contourner la question, seule façon de l'affronter et d'apporter une réponse à la fois exacte et inouïe. Mais ce n'est pas au moment où ce genre de question est posée qu'on peut y répondre. La réponse suppose un retrait, une solitude, une rupture que tentent précisément d'abolir la question et son contexte. Il ne suffit pas de poser une question. Encore faut-il qu'elle ne fixe pas d'avance le type de réponse. Si l'on pose une question, il faut être prêt à entendre la réponse, même si celle-ci remet en question la question même.

La langue produit des images, des idées, des idéaux qui s'interposent entre la réalité et l'esprit. Elle fige ainsi la réalité alors que celle-ci passe, bouge, se transforme. Le défi de l'écrivain consiste à mettre en mots ce qui semble ne pas pouvoir l'être. En fait, la réalité ne peut pas être mise en mots. Ces derniers serviront plutôt à l'indiquer, à la signifier, à faire signe en sa direction. Comme la réalité est silencieuse, qu'elle ne cesse de passer, de se métamorphoser — inconnue, mystérieuse, surprenante —, et comme l'homme est un être de langage, qui ne cesse de parler, d'écouter, de lire, de déchiffrer, de décrypter, d'interpréter, le risque est grand que la réalité soit laissée pour compte au profit des discours, des livres profanes ou prétendument sacrés, des symboles, des signes et des images. Certes, certaines expressions seront plus heureuses, mieux réussies que d'autres. La littérature par exemple tente de dire ce qui se cache derrière les évidences et les clichés. Elle tente de montrer l'humain tel qu'il est ou tel qu'il devient — inconnu, mystérieux, surprenant —, avec ses paradoxes, ses ambiguïtés, son obscurité, sa confusion, sa multiplicité, ne pouvant jamais être enfermé dans une image ou une définition. Plus précisément, la langue poétique tente de dire l'affect en tant que celui-ci traverse la vie entière et échappe, ce faisant, à toute psychologie. Le poème réussi est la langue devenue complètement affective. La langue ne fait plus que vibrer, résonner, touchant directement nos cordes sensibles. Comme l'affect est l'expression directe du sujet vivant, le poème montre l'indistinction du monde et de l'humain. En tant qu'il est traversé par l'affectivité, le monde n'est pas objectif ou extérieur, mais profondément individuel. Dans la mesure cependant où l'individu n'est pas seulement particulier mais aussi universel, le poème touche également autrui. Plus encore, en lui, la réalité même est sollicitée, concernée, célébrée.

La langue philosophique, elle, est plus intellectuelle qu'affective, encore qu'elle ne doive pas négliger l'affect, qui est une part essentielle de l'humain. Pascal, Kierkegaard, Nietzsche, pour ne nommer que ceux-là, ont su imprégner la langue philosophique d'affectivité. Cependant, la part intellectuelle reste prédominante. Il s'agit de voir clair, d'éclairer l'affect lui-même, plus encore d'éclairer les coins sombres de la réalité, le rapport complexe, labyrinthique que l'homme entretient avec la réalité. Le philosophe est tout aussi individuel que le poète. Il est tout aussi universel. Son expression, quand elle est heureuse ou réussie, touche également les autres. Pour y parvenir, le philosophe doit s'adresser à toutes les dimensions de l'humain — perceptive, affective, intellectuelle. La dimension sensible, notamment, doit faire partie intégrante du discours philosophique. Mais comme il s'agit de lumière, la langue philosophique doit être plus ambitieuse encore. Elle doit chercher à faire voir la lumière de la réalité même, au lieu de n'offrir qu'une lumière artificielle, construite, produite par la langue même. La langue est trompeuse. Elle éclaire une réalité parallèle, celle de l'image, de l'idée, du symbole, de l'idéal, laissant d'autant plus dans l'ombre la réalité vivante, en devenir ou en métamorphose. C'est comme pour ces lumières de la ville qui nous empêchent de voir la lumière des étoiles. Alors que les premières nous enferment dans une bulle, humaine, trop humaine, la seconde nous ouvre sur l'infini, l'autre, l'étranger, l'inconnu. La lumière de la réalité éclaire un mystère. Elle n'explique pas, ne décortique pas, ne dissèque pas, ne cherche pas à contrôler, à exploiter, mais elle resplendit gratuitement, comme la lumière des étoiles, comme la lumière d'une vie — pure luminosité ou manifestation comme rapport immédiat à soi, action ou passion de sentir et de se sentir. L'ambition du discours philosophique est d'établir la communication avec cette dimension cachée, trop vivante pour être dite ou pensée, trop vivante pour être saisie autrement que par elle-même. Le discours poétique, lui aussi, tente d'exprimer la poésie de la réalité même. Comme l'a bien dit Artaud, «sous la poésie des textes, il y a la poésie tout court, sans forme et sans texte». C'est cette poésie qui doit d'abord s'imprimer dans le poète afin que le poème puisse l'exprimer à son tour. Cependant, pour le poème comme pour le texte philosophique, c'est indirectement, inexactement que ce qui se trouve au-delà ou en deçà des mots et des textes pourra être indiqué. Certes, il y a un effet fétichiste difficile à éviter. Le poème s'interpose, prenant toute la place, nous enfermant dans un monde fantasmatique, imaginaire, symbolique, comme le fait le discours philosophique. Il faut d'autant plus insister sur les limites de la langue et du langage, afin de faire pièce à cette tendance irrésistible au fétichisme des mots, qui est également une forme de narcissisme — le moi étant lui aussi une construction de la langue et du langage. Le poète et le philosophe doivent s'effacer devant une expérience impersonnelle concernant non seulement tous les humains, mais encore une réalité antérieure à eux, qui n'en sont qu'un fragment minuscule. Ils se mettent dès lors au service d'une lumière qu'ils n'éclairent pas, mais par laquelle ils sont au contraire eux-mêmes éclairés.

1

Sur les traces de Su Tung-po
ou Le rocher

Le peintre Su Tung-po déclare : « Avant de peindre un bambou, il faut que le bambou pousse en votre for intérieur. » L'art de peindre est l'une des plus belles expressions de l'art de voir. Toutefois, il n'est pas nécessaire de peindre pour voir. L'acte de peindre peut aider à voir comme l'acte de voir est nécessaire pour peindre. L'art de voir ne touche pas que l'organe de la vue. La vision par l'œil est également psychique, étant une vision du corps vivant, à savoir du corps-esprit. Il est aussi possible de voir l'intériorité ou l'affect directement par l'œil de l'esprit. L'art de voir mis en œuvre par le peintre est aussi l'art de voir par l'œil de l'esprit. Pour ce faire, il n'est pas nécessaire de peindre, d'écrire, de se glisser dans la peau d'un personnage ou de danser, encore que tous ces arts particuliers soient en interaction intense avec l'art de voir en tant que celui-ci est l'art du corps entier. Celui qui se trouve sur le bord de la mer à Percé peut dire, sur les traces de Su Tung-po : « Pour voir le rocher, il faut que le rocher se dresse en vous. » Seulement de la sorte, en dehors de tout nom, de toute image, de toute idée, le rocher peut-il apparaître dans toute son étrangeté, comme événement absolument inconnu, littéralement sacré, divin, terrestre, cosmique — tous ces qualificatifs ne venant qu'après coup pour pointer du doigt l'événement lui-même du rocher dans toute la gloire et l'étrangeté de son surgissement. Si le rocher ne se dresse pas en nous, silencieux, inconnu, imperturbable, sans aucun mouvement de la pensée, il n'est pas vu tel qu'il se dresse dans la nature, faisant corps avec elle. Là où il se trouve, en lui-même, dans son mystère ou son secret ne faisant qu'un avec sa manifestation, dans son caractère opaque, impénétrable ne faisant qu'un avec sa propre lumière immanente, le rocher est pur événement inexplicable, incompréhensible, sans nom, sans raison, laissant l'humain bouche bée, l'écrasant de sa majesté, suscitant étonnement, émerveillement et une espèce de terreur sacrée. Pure apparition, pur être-là, n'ayant souci de lui-même, ne désirant être vu. C'est ainsi qu'il doit se dresser en nous si nous disons que nous voyons le rocher. L'espace infini qu'il occupe au pied de la mer, il doit aussi le trouver dans notre esprit, qui doit être aussi vide, aussi limpide, sans autre mouvement que celui de quelques oiseaux volant eux-mêmes hors de toute représentation et de tout spectacle. La vision du rocher ne donne rien, ne sert à rien, ne vise aucun but. Elle est un événement de même type que celui du rocher lui-même. Le rocher, le ciel, les nuages, la mer, les mouettes, les galets, les humains, tout participe de l'événement sacré, indicible ou innommable.

2

L'art, la littérature et la philosophie

L'art déchire le voile des apparences, fissure le mur de l'extériorité et nous met en contact avec le chaos ou l'inconnu qui gronde ou se tapit derrière. En ce sens il est libérateur, car nous étouffons dans les formes aménagées et sclérosées, dans les clichés et les vérités toutes faites, dans les images qui nous survolent telles des idoles ou des divinités. Nous sommes écrasés par les objets et les apparences. L'art nous met en contact avec un peu de vie à l'état pur, telle qu'elle se déroule *en dépit* des apparences, *en dépit* des catégories et autres garde-fous déployés pour la canaliser et la dompter. Alors que la société se couvre d'un voile de fausseté — tout le système ou le réseau de l'information et de la communication contribuant à tisser ce voile, à le repriser dès qu'une bourrasque le déchire —, l'art nous met en contact silencieux avec la vérité vivante, cette vérité qu'aucune image ne peut reproduire, qu'aucun discours ne peut transmettre. Ce faisant, l'art nous met en contact avec la vie telle qu'elle se trouve toujours déjà là en nous. Il déplace la direction de notre attention. Alors que celle-ci est sollicitée par la publicité qui se déploie tous azimuts, tentant de nous vendre des objets, des apparences et des images, l'art attire notre attention sur la dimension secrète de notre être, dimension silencieuse et inapparente qui se trouve au plus profond de nous-mêmes, qui constitue le fil de notre vie, fil des idées, des émotions, des désirs, des conflits: tout le non-dit qui inspire le discours, l'évanescent qui insiste et persévère, l'informe qui nous transforme. Alors qu'au sein de la société nous entretenons, y compris à nos propres yeux, une image fausse de nous-mêmes, l'art nous met en contact avec ce que nous sommes vraiment, en immanence, au fil des instants. Van Gogh nous montre le champ de blé en tant qu'il ne fait qu'un avec lui-même, avec sa vie tourmentée. Il ne s'agit pas de l'image d'un champ de blé ou d'un champ de blé objectif, vu de l'extérieur, mais d'un champ de blé habité, incarné. La sensation peinte n'est pas subjective mais se trouve dans le champ lui-même, ce pourquoi elle nous atteint directement et nous renvoie à nous-mêmes et à notre univers. L'art nous ramène à l'essentiel, au noyau, au moteur, aux questions vitales ou existentielles, celles où se décide concrètement le sens ou le non-sens de notre vie. Il nous ramène à la vie en tant que toujours inconnue, étonnante, indomptée.

La fonction de la littérature est de dire le non-dit comme celle de la peinture est de montrer le non-vu. Il ne s'agit pas d'indicible ou d'invisible. Il est de toute façon impossible de dire l'indicible ou de montrer l'invisible, tout au plus l'art peut-il attirer l'attention sur lui, l'indiquer comme l'autre ou l'étranger. En pointant du doigt l'indicible et l'invisible, l'art et la littérature disent le non-dit et montrent le non-vu, précisément parce que l'indicible et l'invisible sont négligés, laissés pour compte, considérés comme inexistants. La peinture tente d'aller au-delà des objets, des images et des clichés. De même, la littérature tente d'aller au-delà des vérités reconnues et des évidences non questionnées. Malcolm Lowry nous met en contact avec la vie intérieure de l'alcoolique, nous entrons en celui-ci, faisons corps avec son esprit, nous ne le voyons pas tituber de l'extérieur, mais nous expérimentons ou sentons la drogue qui le fait vivre et le tue, ses extases et ses impasses ; James Joyce tente de révéler le monologue intérieur chaotique et amoral ; Nathalie Sarraute essaie de mettre en mots tout le non-dit de la sous-conversation se profilant derrière les paroles prononcées ; Franz Kafka fait venir au jour les drames profonds de la faute, de la culpabilité et de l'innocence ; Samuel Beckett explore le côté sombre ou obscur de la psyché ; Witold Gombrowicz fait voir l'immaturité derrière le masque de la maîtrise ; Philip Roth montre l'être humain inconnu, énigmatique, caché derrière le voile du puritanisme, etc. La littérature et la peinture pointent du doigt ce qui se trame derrière les apparences de l'objectivité, derrière les consensus, derrière les prétendues connaissances et les croyances partagées. Elles ont une fonction essentielle de remise en question. Elles vont à l'encontre du faux ou de l'illusoire socialement accepté. Elles ouvrent le regard et l'esprit. Nous avons besoin de la peinture pour voir ce que nous avons sous les yeux et que nous ne voyons pas parce que notre regard est mort, recouvert sous les apparences et les clichés, sous les images nous dominant et nous aveuglant — que ces images viennent du cinéma, de la télévision, de la publicité ou d'internet. Le grand art, où qu'il s'exerce, libère l'œil. Il nous fait voir ce qui se trouve sous nos yeux et que nous ne voyons pas parce que notre œil est domestiqué, encombré d'images et de clichés. Alors que la réalité dominante nous rend voyeurs, l'art nous rend voyants ou visionnaires. Est voyant ou visionnaire celui qui voit par-delà les images et les clichés, celui qui voit ce qui est caché. Semblablement, la littérature défait la définition de l'homme et de la réalité. Elle nous plonge dans l'inconscient, les labyrinthes, les nuances et les bifurcations de la psyché. Elle nous montre le travail souterrain du désir échappant à tout contrôle et à toute maîtrise. Elle nous indique l'homme tel qu'il est dans ses para-doxes et ses ambiguïtés, l'homme échappant à toute définition, échappant à lui-même. La littérature ne nous dit pas ce qu'est l'homme, elle en brise au contraire toutes les images et les définitions afin de nous mettre direc-tement en contact avec le chaos et l'inconnu qui le constituent et, par conséquent, avec le chaos et l'inconnu qui se trouvent au cœur de notre être. Ce faisant, elle libère l'homme de toutes les prisons dans lesquelles l'enferment les religions, les morales et les idéologies. L'homme est plus subtil que tout ce que la raison commune peut en dire, plus divers, plus étonnant, plus énigmatique. En contemplant une peinture, nous voyons ce que nous avons sous les yeux et que nous ne voyons pas parce que notre regard est trop mobile, trop agité, trop sollicité. La peinture arrête le regard, le forçant à sortir de ses gonds. De même, en nous plongeant dans un roman, nous abandonnons les évidences et les certitudes socialement valorisées, nous sommes mis en contact avec ce qui est le plus souvent recouvert sous le conformisme et la respectabilité. Nous sortons de la fausseté omniprésente et de l'hypocrisie qui l'accompagne nécessai-rement. Nous touchons du doigt ce qui est camouflé, dénié, ce qui est laissé dans les marges, négligé. Un tel contact avec ce qui est nous libère.

L'invisible est le domaine d'investigation par excellence de la littéra-ture. C'est la vie secrète, cachée, qui est son objet de prédilection. Aucun art plastique ou visuel ne peut, sur ce terrain fondamental de la vie, la remplacer. Et quand un art visuel tente de transposer dans son domaine une œuvre littéraire, c'est toujours en laissant forcément de côté tout ce qui fait la force de la littérature, à savoir la subtilité et la complexité de la vie invisible ou intérieure. Celle-ci, par exemple lors d'une adaptation cinématographique, est ramenée à des apparences et à des images n'en traçant plus que les grandes lignes visibles. Tout ce qu'il y a en elle d'irréductible, de multiple, d'inchoatif, de bifurquant, d'insaisissable, d'inconnu, de proprement intérieur ou invisible, à savoir de profondé-ment vivant, est laissé de côté au profit d'une extériorisation, d'une objectivation ou d'une représentation nécessairement réductrice. Peut-être est-ce tout de même le défi du grand cinéma — comme celui de la grande peinture et celui de la grande photographie —, que de laisser deviner ce qui se cache derrière les images et qui est irréductible à celles-ci? Peut-être alors les images peuvent-elles servir à pointer ou à indiquer l'inimaginable? Une telle réussite reste rare cependant, tant s'imposent les images dans ce qu'elle ont d'apparent et de spectaculaire, voire de cliché, confirmant ainsi l'impérialisme du visible allié à une certaine superficialité. Par ailleurs, un grand artiste — un grand peintre, un grand photographe, un grand cinéaste — peut se servir des images pour révéler ce qui se cache dans sa propre intériorité, ce qui relève forcément de l'invisible, ce qui constitue le secret ou l'énigme d'une vie. Nous l'avons vu, c'est ce que fait aussi l'écrivain. Celui-ci est inspiré d'abord par ce qui se passe en lui, et ses personnages sont dès lors des fragments de son intériorité. Remarquons cependant que l'intériorité de l'artiste ou celle de l'écrivain touche ou atteint celle de tous les humains. En effet, le grand artiste ou le grand écrivain plonge en lui-même à un niveau de profondeur où coule une source commune à toute l'humanité, ce d'ailleurs pourquoi il peut toucher ou atteindre les autres grâce à son art. Ce qui se passe en quelqu'un n'est pas si différent de ce qui se passe en quelqu'un d'autre. L'observation des autres et l'observation de soi sont étroitement liées. Quoi qu'il en soit, c'est toujours la vie ou l'invisible qui donne sens aux images. Celles-ci occupent l'avant-scène au point de laisser dans l'ombre la dimension qui leur a donné naissance. Cette dimension se trouve naturellement dans l'ombre, à l'abri des regards. Les yeux sont rivés sur les images, comme si elles occupaient toute la place. Elles occupent peut-être toute la place, mais la place même est d'un tout autre ordre, de l'ordre de la vie invisible, fragile, incertaine, labyrinthique, chaotique, mortelle. Cette vie est au moteur des images et se dérobe aux images.

Cela dit, la vie ne se dérobe pas moins aux mots qu'elle ne se dérobe aux images. Mais tout réside dans la différence entre l'usage créateur des mots et des images et leur usage fonctionnel ou utilitaire. L'usage créateur retourne les mots et les images — comme on retourne un gant, pour en dévoiler l'envers —, les fait résonner ou vibrer, les ouvre, les met en contact avec le dehors. Les mots et les images, au lieu de s'enfermer en eux-mêmes, de renvoyer les uns aux autres, tissant ainsi une toile dans laquelle l'homme se trouve pris, se retournent contre leur propre impérialisme, contre le règne de la visibilité et de l'extériorité, afin de faire sentir la source vive d'où ils jaillissent. C'est la vie du créateur qui s'exprime à travers les mots et les images, vie elle-même en contact avec celle des autres humains, des animaux, des plantes, des pierres, plus encore avec la vie cosmique — à savoir le mystère vivant de la nature ou de la réalité dans laquelle sont incluses toutes les vies singulières. La puissance créatrice sans commencement et sans fin est celle de la nature ou de la réalité. L'homme est un fragment de cette puissance et c'est en se connectant à elle qu'il participe à la création universelle. En créant, il se laisse porter par la grande vague de la création cosmique. Il est un pli au sein de la vague infinie. Lui aussi crée pour manifester ou exprimer la pure puissance de la nature, de la réalité ou de la vie. Beaucoup d'obstacles empêchent l'homme de créer. C'est en empoignant ces obstacles que l'homme parvient à créer. Les mots et les images font partie de ces obstacles, consacrant la domination de l'extériorité et des objets. Le créateur ne fuit pas ces obstacles. Il les saisit, au contraire, seule façon de les surmonter. Les mots et les images sont le véhicule de la vision du créateur. Celle-ci ne se communique pas, elle est en retrait de tout le système des échanges et des valeurs. Pourtant, elle se trouve au cœur ou au noyau de tout ce qui est. La vision créatrice, gratuite, sans raison, inexplicable, est à l'origine de tout. Le big bang aussi, pour employer cette expression consacrée de la physique moderne, est une vision créatrice impersonnelle — une pure lumière, une pure illumination — gratuite, sans raison, inexplicable. Tout commence par une vision. Celle-ci brise la bulle dans laquelle l'humain est enfermé. Elle le met en contact avec la nature ou la réalité surhumaine. L'art, la littérature et la philosophie nous dessillent les yeux, nous montrent ce qui est dans son surgissement ou dans son avènement — dans la fraîcheur étonnante de l'aube. Ce qui semblait ancien s'avère nouveau, ce qui semblait familier s'avère étrange, ce qui semblait banal s'avère extraordinaire. Par la vision, l'humain sort de la prison des mots et des images. Inspiré par la vision, l'humain ouvre les mots et les images afin que puisse suinter ou couler ce qui leur donne naissance et ce qui les déborde — l'innommable, l'inimaginable.

3
La perception des affects

Tous les affects doivent être ressentis pour ce qu'ils sont, négatifs ou positifs, tristes ou joyeux. Ils surviennent comme des événements, à l'égal d'une tempête, d'un soleil radieux, d'un coup de vent, d'un nuage qui traverse le ciel. Ils ont leur raison d'être puisqu'ils sont. À quoi servirait-il de lutter contre eux, de les juger, de les condamner? Ils doivent pouvoir s'épanouir de manière à disparaître sans laisser de traces, laissant l'esprit de nouveau ouvert ou disponible. Se voir ne signifie pas se juger, mais se laisser traverser par le flux incessant et changeant de ce qui est ou de ce qui arrive. Tout réside dans la qualité de l'esprit, la qualité singulière de sa sensibilité ou de son ouverture. Le contact mystérieux avec soi est la clé. C'est lui qui est intensité, vitalité, capacité de faire face aux problèmes vitaux et de les résoudre sur-le-champ, joie. Il n'y a rien à faire, il n'y a qu'à voir ce qui est ou ce qui arrive. Cela ne dépend pas de nous. Le contact prend par surprise, déjoue nos plans. Il n'est pas ce que nous attendons. Il change de manière incompréhensible. Il échappe au contrôle de la conscience. C'est tout le jeu de la conscience, tout le mouvement chaotique des affects qu'il s'agit de voir au fur et à mesure qu'il advient ou se déroule. C'est lui qui permet de saisir ou de comprendre, qui a par conséquent pour effet de modifier instantanément la réalité, de faire cesser les actions ou les réactions habituelles, celles impliquant l'effort, la poursuite d'un but, la lutte, et cela au profit d'un tout autre type d'action, émanant de l'inaction ou de la réceptivité de l'esprit face à ce qui est. Il faut d'abord voir ou comprendre. On se rend compte que cet acte de voir ou de comprendre se suffit à lui-même, qu'il est en lui-même action en ce qu'il produit une transformation immédiate, un changement immédiat d'attitude amenant un autre type d'intervention. L'acte de voir ou de comprendre fait taire les réactions habituelles. Un autre état d'esprit — état vivant et par conséquent dynamique, éveillé, ne cessant de bouger au diapason de la protéiforme réalité — prend le relais. C'est par l'acte de voir passivement, sans intervenir d'aucune façon, que l'esprit saisit la nature et la structure de la pensée. Il ne tire pas de conclusion au sujet de cette dernière, il l'observe en acte en tant qu'elle est une réalité vivante. En d'autres mots, ce n'est pas la pensée qui saisit la nature et la structure de la pensée. S'il en est ainsi, en effet, il ne s'agit que d'une saisie partielle, morcelée. Or, c'est l'ensemble du mouvement de la pensée qui est saisi ou perçu par l'esprit. Pour qu'une telle saisie se fasse, l'esprit doit être complètement passif, se contentant de voir le déroulement de ce qui est. Il ne le fait pas en vue d'un but quelconque. Cet acte de voir ou d'observer est le seul but, il est en lui-même le suprême art de vivre. C'est dans ce silence ou cette passivité que l'esprit s'ouvre *hic et nunc* à la splendeur de ce qui est. Pour qu'une telle ouverture se produise, l'esprit doit voir ou saisir ce qui l'empêche, ce qui l'encombre ou ce qui occupe la place, à savoir le désir de devenir, la tension ou l'effort vers l'avant, la poursuite d'un but de nature spirituelle, que celui-ci s'appelle bonheur, sainteté, perfection, sagesse, etc. Une telle saisie se fait sans jugement, sans condamnation, sans lutte, sans résistance, seulement en percevant ce qui est. C'est une telle perception qui vide la pensée de son contenu, créant ainsi l'ouverture, ou plutôt la désencombrant ou la libérant.

4

Soleil sans nom

S i nous regardons un lever ou un coucher de soleil, nous ne pouvons retenir ses couleurs changeantes. Nous devons mourir à chaque éclat, à chaque nuance, à chaque tonalité, à chaque mouvement, devenir avec le lever ou le coucher de soleil, être complètement ouverts à sa beauté et l'abandonner sans nous y accrocher. C'est la pensée qui tente de s'accrocher, de retenir, qui se dit: «voilà quelque chose de beau dont j'aimerais refaire l'expérience», et ce, alors que l'événement lui-même est en train de s'évanouir. La pensée tente de s'accrocher à ce qui de lui-même fuit et s'en va, d'où sa souffrance ou son malheur intrinsèque. Elle se porte vers ce qui n'est pas ou n'est plus, tente de prendre le contrôle d'une réalité qui procède sans elle, est en lutte contre un ennemi plus fort qu'elle. Ainsi, la beauté devient laideur; le désir devient frustration. L'esprit de l'homme dégénère, perdant son innocence, sa grâce, son charme. Dans son *Essai sur le théâtre de marionnettes*, Kleist relate justement l'histoire d'un jeune homme qui tente de répéter un geste charmant qu'il a fait spontanément. Dans son acharnement à répéter ce geste, le jeune homme perd son innocence et sa grâce. Le problème vient de ce que la pensée veut continuer, persévérer, retenir au lieu d'épouser l'événement et de l'abandonner quand il disparaît, laissant la place libre pour le surgissement d'un nouvel événement. L'art de vivre est aussi un art de mourir. Si quelqu'un ne sait pas mourir, il ne sait pas vivre. Mais y a-t-il moyen de «savoir» mourir? Il s'agit d'un étrange savoir, qui n'est pas théorique, qui ne découle pas d'une accumulation, qui ne consiste pas en une conclusion. Il s'agit plutôt d'un abandon découlant de la perception du danger et de la stérilité de s'attacher à ce qui n'est pas lui-même «attaché» mais devient. Mourir est la condition pour suivre le mouvement multiple de la réalité dans ses bifurcations, scs sauts, ses mutations. Si nous nous accrochons à un événement qui n'est plus, l'esprit est lui-même mort. S'il s'accroche au souvenir du lever ou du coucher de soleil, il n'est pas disponible pour la splendeur de la lumière du jour, avec son soleil sans nom, pure incandescence, astre inconnu, mystérieux, littéralement sacré ou divin, sublime et terrifiant, pas plus pour la splendeur de la nuit, avec ses étoiles lointaines, elles aussi inconnues et sans nom, nous faisant toucher du doigt l'infini merveilleux et terrifiant. De toute manière, alors que la pensée demeure fixée sur ce qui vient d'avoir lieu, sur ses attentes, ses désirs, ses blessures et ses plaisirs, le corps est emporté malgré lui dans ce qui est en train d'avoir lieu. La pensée doit donc résister à ce qui est en train de se passer, si elle veut demeurer accrochée à ce qui n'est plus. Une telle résistance constitue une stérile dépense d'énergie. La pensée demeure suspendue à une image, à un désir, nostalgique ou en attente, enfermée dans sa peine ou son plaisir, alors que la réalité vivante survient et suit son cours, forçant la pensée à se retrancher plus encore derrière ses remparts pour ne pas être atteinte, blessée ou déséquilibrée. Mais plus la pensée se ferme et se protège, plus elle est au contraire atteinte, blessée, déséquilibrée. Elle est prise dans un cercle vicieux. Plus elle résiste, plus elle est fragile. Son combat est perdu d'avance. Tôt ou tard, elle doit abandonner ses défenses et faire face à l'inévitable réalité. Ne peut-elle le faire sur-le-champ, sans attente, sans méthode, sans préparation, en laissant tomber son système de défense? Mais pourquoi laisserait-elle tomber un tel système? Parce qu'elle constate que celui-ci la met en danger, l'expose aux soubresauts de l'imprévisible réalité, est la source de son déséquilibre, de son inquiétude, de son angoisse, de son malaise, de sa souffrance. Parce qu'elle se rend compte de l'inefficacité d'un tel système. Parce qu'elle voit qu'elle ne peut éviter l'épreuve renouvelée de la réalité, que celle-ci ne cesse de devenir ou de changer, qu'il faut donc mourir à ce qui vient d'avoir lieu pour être de nouveau face à elle et pouvoir la rencontrer adéquatement ou intelligemment. C'est à partir de la perception de l'ensemble du mouvement de la réalité ou de la vie que l'esprit meurt, abandonne ses images, ses blessures, ses plaisirs, s'ouvre au flot jaillissant et souvent tumultueux de la réalité changeante. Nul besoin pour cela de grands événements; constamment la réalité la plus ordinaire, la plus quotidienne, la plus banale change. L'esprit doit être disponible pour l'accueillir. Pour ce faire, il doit mourir à ses images, à ses peurs, à ses désirs. Si l'esprit est enfermé en lui-même, à savoir en son contenu constitué par le passé, il n'est pas ouvert à ce qui est en train de se dérouler. C'est tout naturellement, sans efforts, sans attentes, sans phrases que l'esprit meurt à son contenu, que celui-ci soit joyeux ou douloureux, qu'il soit de l'ordre de la réussite ou de l'échec. Il meurt par la force de ce qui vient et survient, la force de ce qui se déroule, la force du présent vivant.

5

Au-delà ou en deçà des mots

Le sentiment très fort que l'homme est un menteur s'explique par le fait que toute pensée ou toute parole est fragmentaire et ne concerne par conséquent qu'une partie de ce qui est, si bien qu'une autre partie jette le soupçon sur ce qui a été pensé ou dit; cette autre partie sera elle aussi pensée ou dite, invalidant de ce fait ce qui a été pensé ou dit. De plus, la pensée ou la parole se trouve à distance de ce qui est. Dans cette distance s'insère la fausseté engendrant le mensonge. Avant d'être un menteur empirique, soit un menteur qui sait qu'il ment, l'homme est un menteur transcendantal, c'est-à-dire qu'il ment nécessairement, au-delà de toute intention. Il ment du seul fait qu'il pense ou qu'il parle. Toute pensée et toute parole sont intrinsèquement fausses, inexactes, incomplètes, inadéquates, insuffisantes. Autre chose doit nécessairement s'ajouter, remettant en question toute pensée et toute parole. Cela n'est pas vrai à la seule échelle interindividuelle — si une personne pense une chose, il y a une autre personne qui pense nécessairement autre chose, c'est même là l'origine des conflits —, cela se vérifie également à l'intérieur d'un même individu: si un individu pense une chose, il pense nécessairement également autre chose. Ce n'est donc pas délibérément que l'homme ment, mais bien malgré lui. Tout au plus l'homme peut-il se rendre compte qu'il ment s'il pratique la connaissance ou l'observation de soi, s'il saisit la nature de la pensée et du langage. La vérité est le mouvement même de la vie et quelqu'un participe de cette vérité dans la mesure où il ne fait qu'un avec ce mouvement, où il le voit tel qu'il est, sans l'intermédiaire de la pensée et du langage. Comme cependant la pensée et le langage triomphent dans l'ordre collectif — social, politique —, cet ordre frappe par sa fausseté ou son hypocrisie. Autant l'homme pense et parle, autant il ment.

Parce que la sphère collective est dominée par la pensée et le langage, y dominent également la fausseté et le mensonge. Qui plus est, dans cette sphère domine l'apparence. Le règne de l'apparence est celui de l'extériorité. Le point de vue de l'extériorité est celui de la pensée et du langage. Pensée et langage impliquent une distance ou une division intrinsèque. Dans cette division ou cette distance s'insère le faux. Le vrai, de son côté, est la vie ou la réalité même. C'est dans un corps à corps, une perception sans distance que celle-ci est saisie. La pensée et le langage sont incapables d'un tel corps à corps ou d'une telle saisie. Ils mentent donc nécessairement. Dans la mesure où l'homme *est* pensée et langage, il est un menteur transcendantal. Toute personne qui se dit sincère, qui pense et qui dit l'être, ne ment peut-être pas intentionnellement, n'est pas en ce sens un menteur au sens courant, ce que nous appelons un menteur empirique, mais elle ment quand même sur un plan plus fondamental, plan auquel elle semble ne pas avoir accès, faute de lucidité, de finesse ou de profondeur dans sa perception d'elle-même. En fait, cette personne qui se croit sincère ou qui semble le croire compte tenu de ce qu'elle dit, sait au fond d'elle-même — là où elle cesse de parler et voit silencieusement — qu'elle ne l'est pas, c'est à elle-même qu'elle ment d'abord, n'étant pas tout à fait dupe de son propre mensonge, elle sent, du seul fait d'être vivante, c'est-à-dire de se sentir directement quoi qu'elle pense et quoi qu'elle dise, du seul fait d'être, en tant que vivante, dans un rapport immédiat à elle-même — elle *sent* qu'elle ment. Un tel mensonge est tragique, car la personne qui ment ainsi se demande comment elle pourrait ne pas mentir, comment elle pourrait ne pas se mentir. La seule façon de ne pas se mentir est de se voir tel que l'on est, de saisir la nature de la pensée et du langage, et de constater qu'il y a nécessairement mensonge, nécessairement fiction ou fabulation dès qu'il y a pensée et dès qu'il y a langage. Si quelqu'un saisit la nature de la pensée et du langage, il continue certes à penser et à parler, par conséquent à mentir ou à fabuler, mais il n'est pas dupe du mensonge, il sait que le mensonge fait partie de la structure même de l'homme pensant et parlant, et il le sait parce qu'il perçoit par ailleurs directement la réalité telle qu'elle est, y compris la réalité de la pensée et du langage. Il voit la différence entre la réalité vivante et ce qu'en pense la pensée, ce qu'en dit le langage. Pour cela, il faut une perception intense, forte, subtile, pénétrante. Si quelqu'un est incapable d'une telle perception, il ment aux autres et se ment à lui-même tout en ressentant un étrange malaise, celui d'être un menteur transcendantal, un menteur sans le savoir et sans le vouloir, qui ment quoi qu'il pense et quoi qu'il dise, qui se trouve donc à côté de lui-même, à côté de la vérité ou de la vie. Tel est le fond, il nous semble, du caractère tragique de la condition humaine, quand celle-ci n'est pas perçue ou comprise. Quand elle est perçue ou comprise, autre chose, par-delà la pensée et le langage, peut se produire. Les limites de la pensée et du langage étant perçues, la pensée et le langage cessent de dominer. Ils se subordonnent à la perception vivante, cessant ainsi de jeter l'homme dans une sorte de schizophrénie transcendantale, où l'homme se trouve toujours à côté de lui-même, à côté de ce qu'il pense, à côté de ce qu'il dit.

L'intolérable fait partie de l'histoire collective et individuelle des humains. La pensée peut cerner cet intolérable, mais elle ne peut le toucher, car elle en fait elle-même partie, elle est partie prise en lui. L'intolérable est de l'ordre de l'affect indéfinissable. On peut cerner l'intolérable de l'extérieur, faire la recension de ses conditions et de ses éléments, mais toujours quelque chose de fondamental échappe à cette démarche extérieure ou objective, à savoir l'affect vivant même, qui ne se définit pas lui-même, qui échappe à lui-même quand il entre précisément dans l'ordre de l'intolérable. C'est comme pour ceux qui ont subi la Shoah jusqu'au bout. Personne ne peut témoigner en leur nom. Seuls les survivants témoignent pour les morts. Les morts sont silencieux. Leur silence crie, mais ce cri ne peut être entendu. Des paroles posées, claires, sensées, rationnelles peuvent cerner ce cri silencieux, mais elles ne peuvent l'entendre ni le faire entendre. Ici sont touchées les limites du discours, de l'image, de toute représentation. On ne peut montrer que les apparences extérieures, mais on ne peut montrer ce qui se déroule à vif. On ne peut non plus en parler au sens propre. Les paroles utilisées sont trop sages, trop raisonnables, trop savantes, trop liées à de tout autres affects, ayant à voir, entre autres, avec la satisfaction éprouvée à mettre en mots malgré tout ce qui se dérobe aux mots, à créer un ordre malgré tout au sein du chaos, à rendre sensé ce qui n'a pas de sens, à tenter d'expliquer ce qui au bout du compte échappe à la compréhension et à l'explication. Comment les affects d'une certaine maîtrise pourraient-ils rendre compte de l'impuissance et de la dépossession complètes? Ils ne le peuvent pas. Ils ne peuvent tout au plus que désigner une réalité qui se trouve au-delà d'eux, dans une tout autre dimension. Ce n'est pas à cause de leur imperfection, de leur limite, de leur côté parcellaire que les mots et les images ne peuvent toucher ce qui se déroule dans la dimension de la vie. L'impossibilité est plutôt ontologique. Elle tient à ce que la dimension de la vie ne peut pas être touchée de l'extérieur, sinon sur le mode précisément de la représentation, du discours, de l'image, impliquant une mise à distance ou une objectivation, c'est-à-dire une sortie hors de la dimension de la vie. Celle-ci demeure secrète, mystérieuse, échappant à tout ordre extérieur, irréductible à toute analyse, à toute explication, voire à toute description.

En somme, toute chose vivante, qu'elle soit du côté de la joie ou du côté de la souffrance, est foncièrement irreprésentable, infigurable, inimaginable, impensable, incommunicable. Ce qui n'empêche pas les efforts de la communiquer à l'aide de mots, de cris, d'images, de sons, de mouvements, de gestes. Il faut même faire tous les efforts en cette direction. Cependant, en dépit de tous les efforts, il subsiste toujours un reste inentamable. À la fin, l'image, la parole, le geste doivent indiquer ce qu'ils ne peuvent toucher, seule la vie, en sa joie et en sa souffrance, pouvant se toucher elle-même. L'image ne peut que montrer l'image, la parole ne peut que dire la parole, même si l'image et la parole tentent d'indiquer tout autre chose. Mais ce tout autre chose ne se trouve pas dans l'image ou dans la parole. Tout ce qui est extérieur, sous la forme d'une image, d'un discours, d'une quelconque représentation, ne peut que l'indiquer du doigt, non pas le toucher, l'empoigner, le prendre à bras-le-corps. Seule la vie peut empoigner la vie, la saisir, la voir ou la comprendre. Toute parole, toute image établissent un écart, une distance, un décalage, un délai, une différence. Telles sont les limites absolues de toute représentation. Qu'il y ait de l'irreprésentable, que celui-ci soit même central, fondamental — un fond sans fond —, n'est évidemment pas un prétexte à la paresse ou à la facilité. Tous les efforts doivent être au contraire déployés pour qu'ils nous mènent au plus près de cette vie à l'état pur, peu importe au demeurant le contenu singulier de celle-ci, l'affect qui la prend tout entière. Nous pensons ici à la remarque de Pascal: «La dernière démarche de la raison est de reconnaître qu'il y a une infinité de choses qui la surpassent; elle n'est que faible, si elle ne va jusqu'à connaître cela.» Il s'agit donc pour la pensée d'aller au bout d'elle-même, pour tout moyen d'expression d'aller au bout de lui-même, afin de montrer qu'il y a de l'infigurable, afin de dire qu'il y a de l'indicible. On ne se contente évidemment pas de dire qu'il y a de l'indicible, ce qui serait une solution de facilité. Mais plutôt, l'indicible doit se faire sentir, éprouver. Pour cela, il faut que l'acte de dire déploie toute sa puissance. De même, c'est quand la pensée va au bout de ses capacités qu'elle pressent l'impensable comme sa limite ou son dehors. Cet impensable est vivant, réel et n'est justement pas une simple idée. Une idée n'est pas impensable puisqu'elle est un produit de la pensée. Il faut donc que la pensée fasse pressentir ce qui se trouve au-delà d'elle. Pour cela, elle doit déployer toute sa force, aller au bout de ses capacités. Il en est de même pour la peinture, la danse, le cinéma, etc. L'image, le mouvement ne suffisent pas. Ils sont de l'ordre du spectacle, de l'extériorité, de l'objet. Ils ne sont pas la vie. Et pourtant, ils sont réussis quand ils parviennent à faire pressentir la vie qui les meut et vers laquelle ils sont tendus. La parole est réussie quand elle parvient à se prolonger au-delà d'elle-même, dans le monde du silence à laquelle elle ne peut avoir accès. Nous tentons pour notre compte d'indiquer un ordre d'inactivité, de vide ou de silence au cœur vibrant de la vie. Il est impossible de dire ce silence, de montrer ce rien. Seul le silence dit le silence, le rien montre le rien. En même temps, il faut tenter de le dire et de le montrer par des moyens inadéquats. Car s'il n'y a que silence, que rien, ce qui prend toute la place comme réalité impérialiste ne subissant aucune remise en question, c'est précisément la parole et l'objet. C'est le règne sans partage des images, des mots et des objets. Eux seuls ont droit de cité, ont de l'importance, sont reconnus et acclamés. Certes, il ne peut en être autrement, la pensée célèbre ce qui est de même nature qu'elle, ce qu'elle engendre elle-même. Quant au vide et au silence, ils ne peuvent que passer inaperçus. Ils se dérobent essentiellement. La parole et l'image peuvent tout de même déployer leur puissance d'expression et la mettre au service du *tout autre*. Si la pensée ne se met pas au service de l'impensable, notamment de cette vision directe court-circuitant la distance ou la division intrinsèque à la pensée, elle domine complètement, sans aucun soupçon qu'il puisse exister une autre dimension, une dimension échappant à tous les critères, à tous les modèles, à tous les buts, à toutes les vérités reconnues. La pensée, le discours, l'image — les différents moyens d'expression artistique — doivent aller au bout d'eux-mêmes, déployer toute leur puissance pour nous mettre face à face avec ce qui se trouve au-delà de leur pouvoir ou de leur juridiction. Une parole ou une image ne peut être forte et vraie que si elle est adossée à l'indicible ou à l'invisible.

6
Pensée et chaos

Nous ne cessons de passer d'un état positif à un état négatif, d'un état négatif à un état positif, selon le fragment de la pensée qui exerce temporairement le pouvoir. Mais quoi qu'il en soit du mécanisme particulier en jeu, force est de constater que la pensée ne peut trouver le calme ou le repos nulle part. Nulle sécurité ne lui est accessible, elle ne cesse de bouger, d'être précipitée d'un état dans un autre. On a tort de croire que le moi contrôle la pensée, car il en fait intégralement partie, il est constitué par son mouvement et il possède donc toutes ses caractéristiques, étant comme elle mu par des mécanismes divers — biologiques, anthropologiques, sociologiques, psychologiques. Il est illusoire d'espérer trouver une stabilité ou une sécurité dans un état déterminé de la pensée, dans un attachement, dans une identité, dans une croyance, dans une idée ou dans un affect, car la pensée ne cesse de changer, bousculée par les événements, les rencontres et les accidents. Rien de stable ne peut être trouvé sur le plan de la pensée. S'y font au contraire sentir les mouvements extrêmes. Il est toujours étonnant de constater comment quelqu'un peut passer de la satisfaction de l'accomplissement à la dépression la plus cuisante. Le mouvement se fait dans la pensée même et non dans la réalité objective. Celle-ci demeure la même et pourtant ce qui est ressenti est tout à fait différent. Le sentiment de réussite fait place au sentiment d'échec. Le beau est soudainement évincé par le laid. La mesure, la comparaison, l'envie, l'opinion négative de soi — comme pendant de l'opinion positive — ne cessent de créer des méandres, des plis, des bifurcations dans le cours de la pensée. Ce sont là des choses qui se produisent en silence, à l'abri des regards. Il n'est pas possible de comprendre ce qui se passe ainsi sur le plan de la pensée à partir des événements ou des circonstances extérieures. Il faut être vigilant au cours même de la pensée, à ses mouvements, à ses bifurcations, aux mécanismes enclenchés, notamment ceux de la mesure, de la comparaison, de la rivalité mimétique ou de l'envie. En fait, il faut voir de beaucoup plus près encore et ne pas se contenter d'une explication, voir comment la pensée réagit à un niveau infinitésimal ou microscopique, comment elle se défend de l'affect négatif, comment elle cherche à fuir la souffrance, comment cette fuite même est souffrance. Il faut voir la pensée en action, comment elle se débat au sein d'elle-même, comment elle cherche à se fuir sans y parvenir, collant à elle-même par l'acte même de fuir, comment elle ne cesse de se dédoubler pour prendre distance à l'endroit d'elle-même ou de sa souffrance, comment elle rationalise, juge, justifie, condamne. Ce n'est pas vraiment d'une explication que nous avons besoin, peu importe de quel horizon émane cette explication — de Nietzsche, de Freud, de Girard —, mais d'une observation de très près du mouvement vivant. L'explication résout-elle le problème ou ne fait-elle pas encore partie du cours de la pensée, s'inscrivant dans le dédoublement ou la réflexion intrinsèque à celle-ci, dans une tentative de rationalisation afin de prendre distance avec le mouvement vivant, afin de calmer la souffrance inhérente à ce mouvement? L'explication, dans la mesure où elle est encore pensée, fait partie de la souffrance, est tout au plus une sublimation temporaire de celle-ci, laissant intact le mécanisme producteur de cette souffrance, à savoir la mesure, la comparaison, la rivalité, l'envie. L'observation intense du mouvement vivant implique, elle, une autre qualité de vie, de présence ou d'attention. Ce n'est plus la pensée qui observe ou qui se réfléchit, mais c'est la pensée elle-même, et son mécanisme de réflexion, qui est observée, qui est saisie dans son être, son événement ou sa manifestation. Ce corps à corps n'est pas fuite, pas rationalisation, pas mesure, pas comparaison. Il est vision de ce qui est. Une telle vision n'ajoute rien, elle ne se fait pas à partir d'une distance, celle permettant la mesure ou la comparaison. Seulement dans une telle immobilité face au mouvement de la pensée, une telle passivité ou un tel non-agir face à ses réactions incessantes, tout autre chose — qui est plutôt de l'ordre du *ne pas*, du rien ou du néant — peut-il se faire sentir. Cela n'a rien de mystique. Cela serait mystique si cela était quelque chose, si cela ressemblait à un être, tel que le conçoit ou l'imagine la pensée. Mais en tant que cela est exclusivement vivant, cela est le plus simple. Cela appartient complètement à l'ordre du corps, de la vie et de la terre.

7

Une vapeur, une goutte d'eau

Les idées, les croyances, les affects nous informent sur l'humain et non sur un monde objectif ou extérieur. Ils sont autant de symptômes d'un état de l'homme. La sensibilité d'un Nietzsche est ici importante. Nietzsche a fait à propos de lui-même des liens entre ce qu'il pensait, éprouvait et l'état dans lequel il se trouvait. Quand quelqu'un se jette à genoux pour invoquer les puissances célestes, une telle action ne nous informe pas sur la réalité de ces puissances, mais sur la réelle impuissance de l'homme même. Il est certain que nous sommes amenés à penser telle ou telle chose selon l'état dans lequel nous nous trouvons. Idées, croyances et affects ne se rapportent donc pas à une vérité objective. Quand un homme tombe malade, par exemple, ses idées, ses croyances et ses affects changent aussi brusquement que son état de santé. Les fantasmes de puissance qu'il caressait sont volatilisés par la dégradation soudaine de son état de santé. Un tout autre type de contenu mental prend la relève, plus modeste, plus lent, plus calme, en appelant moins à des actions d'éclat ou à une énergie dont l'homme se trouve dépourvu. Idées, croyances et affects sont à comprendre à l'intérieur d'une logique immanente à l'esprit-corps ou au corps-esprit, c'est-à-dire au corps vivant.

De manière plus générale, l'homme peut croire en l'existence de plusieurs dieux ou en l'existence d'un Dieu unique, mais quand il disparaît, disparaît avec lui sa croyance. Une telle croyance doit être comprise non en regard d'une réalité objective, mais en regard d'un état de l'esprit humain. Cela indique encore une fois combien le fonctionnement de la pensée — les idées, les croyances et les affects — échappe au contrôle de l'homme. L'homme même est un produit de ce fonctionnement. Le moi est engendré par la pensée. Celle-ci est directement connectée à l'état du corps. Elle l'est aussi, il est vrai, à l'époque et à tout ce que contient celle-ci, sur les plans économique, politique, religieux, philosophique, scientifique et technique. C'est donc pour ainsi dire du dehors, à partir d'une altérité, que le moi est créé. Nous insistons ici surtout sur l'état de santé ou de maladie, de force ou de faiblesse. Il est certain que cet état a une incidence directe, immédiate sur le contenu de la pensée. C'est donc par-delà bien et mal, par-delà sens et absurdité, par-delà hasard et déterminisme que la réalité profonde, celle qui s'incarne dans le vivant — dans ses idées, ses croyances et ses affects —, procède. Il s'agit là d'une étrange logique, n'ayant rien à voir avec une organisation rationnelle des choses, telle que l'homme se plaît à la penser ou à la désirer. Quelque chose survient, un accident, un virus — comme le dit Pascal, une vapeur, une goutte d'eau —, et les idées, les croyances, les projets subissent une soudaine bifurcation. Il suffit souvent de très peu pour que la belle logique à l'œuvre se trouve chambardée, que le beau calme soit soudain détruit, que la belle sérénité fasse place à l'inquiétude, voire à l'angoisse. Il n'est pas toujours besoin en effet d'un changement radical. Un rien dérange l'homme, le fait penser, éprouver autrement. C'est dire que toute la machine de la pensée dépend de mille facteurs qui n'ont rien à voir avec le sens, la logique ou la rationalité. Certes, la pensée peut tenter de rationaliser ce qui l'a perturbée, de l'intégrer dans une logique, mais il ne s'agit là que d'une réaction après coup, une fois que la perturbation s'est produite à partir de facteurs, de circonstances ou d'événements n'ayant rien à voir avec le sens, la logique ou la rationalité. L'homme tente de retrouver ce sens, cette logique ou cette rationalité par un usage abstrait, théorique, intellectuel — philosophique, scientifique, technique — de sa pensée. Mais dans sa vie quotidienne, en tant que vivant, il est à la merci d'événements surgissant de manière imprévue, de virus survenant de dimensions n'ayant rien à voir avec celle où il cherche à donner sens à sa vie. Ce qui lui arrive et qui peut s'avérer si déterminant n'appartient pas au sens, à la logique ou à la rationalité, mais plutôt à l'accident, à des concours inextricables et souvent absurdes de circonstances, à des événements engendrés par d'autres et au milieu desquels, comme des civils au milieu d'une fusillade, il se trouve pris. Il suffit de peu pour que l'homme qui se tient debout tombe et s'effondre, terrassé par une force biologique, sociale, historique, cosmique. Quel est alors le pouvoir de l'homme? Il peut intervenir tout au plus une fois que l'événement accidentel ou dépendant de causes extérieures est survenu. Il subit d'abord, réagit ensuite, tentant de faire de nécessité vertu. Au milieu de tout cela, par contre, il apprend, il garde les yeux ouverts, se laissant traverser par l'innommable réalité. Il apprend sur le tas, comme il ne cesse d'ailleurs de le faire au milieu des événements ou des défis ordinaires de l'existence. Il reçoit d'abord, toute action suppose une fondamentale, transcendantale ou ontologique passivité, la passivité de celui qui n'est pas le maître du jeu, qui n'a pas choisi d'être ni d'être ce qu'il est, qui n'a pas choisi ses parents, son époque, qui est emporté par le flux de la réalité historique et cosmique. C'est au milieu du courant qu'il apprend à nager, au milieu des coups et des épreuves qu'il apprend à vivre. Une fois encore, l'essentiel se trouve dans cet acte d'apprendre, acte gratuit qui ne se déploie pas en vue d'un savoir, qui implique au contraire, compte tenu du changement incessant de toutes choses, de mourir au savoir accumulé, à toute accumulation de savoir, afin d'avoir la vue libre pour apprendre de ce qui arrive, faire corps avec l'événement, aussi absurde, illogique, imprévisible — se trouvant en dehors du bien ou de la justice — soit-il.

8

La pensée ne peut aimer

La pensée cherche à tout comprendre, à tout expliquer. Il y a plusieurs types d'explication, notamment scientifique, philosophique, religieux. La pensée se sent rassurée quand elle trouve une explication, même si celle-ci est fausse. Mieux vaut en effet une explication fausse que pas d'explication du tout. La pensée ne peut admettre ses limites, elle se trouve prise à l'intérieur d'elle-même et ne peut avoir aucune idée de son «autre». Ou si elle en a une idée, il s'agit justement d'une idée, et cet autre lui est donc intérieur. Elle ne se sent par conséquent aucune limite. Elle cherche donc à tout expliquer, à tout comprendre. Mais est-ce bien là ce qui compte? Alors que les explications se multiplient, quelque chose d'aussi près que la vie quotidienne, que les défis surgis en elle, que l'état dans lequel quelqu'un se trouve, que l'ensemble des mouvements de sa psyché, que ses réactions immédiates, demeure hors de portée. La pensée aime survoler de haut, se donnant ainsi l'impression de dominer le sujet ou l'objet, d'en faire le tour ou de le comprendre, mais, ce faisant, elle voit précisément de trop loin, elle ne voit souvent que de grands ensembles, des images et des clichés, elle ne saisit pas la réalité subtile, évanescente, dans ses bifurcations, ses plis, ses sinuosités. En regardant de haut et de loin, la pensée manque l'original, le nouveau, le vivant. Ce qui importe peut-être pour le vivant, c'est précisément ce qui est tellement vivant qu'il en est inexplicable, incompréhensible. Dans son désir de maîtrise, dans sa volonté de puissance, la pensée dépasse vite les bornes de son utilité ou de sa fonction. Elle tombe vite dans une sorte de délire, même si celui-ci se veut rationnel. Elle produit, pour parler comme Nietzsche, un arrière-monde, un autre monde illusoire dans lequel elle s'installe. Pendant le temps qu'elle est occupée à survoler, à tenter d'expliquer et de comprendre, elle est incapable de voir ce qui se trouve sous son nez, à commencer par elle-même, son propre désir de maîtrise, sa propre volonté de puissance, son mode de fonctionnement qui consiste à voir de loin, d'une position de survol, sans un réel contact avec ce qui est en son parcours fractal, chaotique, inexplicable, incompréhensible. L'acte de percevoir consiste au contraire à faire corps avec ce qui est, non pas pour l'expliquer ou le comprendre, mais pour l'habiter intensément de l'intérieur. La pensée prend ses distances dans une espèce de saut, de vol ou de fuite. La perception, elle, est plus modeste. Elle demeure au ras du sol, près de ce qui arrive, sensible à son étrangeté, à sa nouveauté. C'est grâce à ce contact qu'il y a amour ou compassion.

La pensée ne peut aimer. Elle peut désirer aimer, voire mimer l'amour, compte tenu du fait que l'amour est un sentiment valorisé, mais en elle-même, la pensée est incapable d'aimer. Il lui manque ce contact, ce corps à corps essentiel pour aimer. Elle regarde de trop loin, est trop possédée par un désir de dominer, de maîtriser, elle tue son objet en le constituant, elle ne peut entrer en contact avec lui en tant qu'il est vivant, qu'il n'est précisément pas un objet, qu'il est inconnu, insaisissable, mystérieux. La pensée ne peut embrasser la vie ou, quand elle l'embrasse, c'est pour l'étouffer, la transformer en objet, donc en quelque chose de mort. La vie comme telle, en tant qu'imprévue, surprenante, inconnue, toujours nouvelle, échappe à la pensée. Celle-ci a d'abord besoin de tuer son objet, elle le tue en s'en distanciant, toute vie n'existant qu'en elle-même, dans un immédiat rapport à soi. La pensée divise la vie, par conséquent la transforme en autre chose, à savoir en idée, en image, en représentation, en objet. Elle ne peut faire autrement. C'est faute de saisir ses limites que la pensée est la première victime d'elle-même. Si l'esprit est conscient des limites de la pensée, il peut dire avec Socrate : « Je sais que je ne sais pas. » Alors, la pensée ne tente pas d'outrepasser ses limites, elle accepte son ignorance, elle ne sait pas et elle *ne veut pas* savoir. Une immense énergie se trouve dès lors disponible pour voir, pour entrer en contact direct avec ce qui est, pour saisir l'événement vivant. Pas de grande explication sur ce terrain de la vie, pas de système, pas de théorie, mais un art de vivre ici et maintenant, un art d'apprendre au fil des instants, un art de la métamorphose, un art d'aimer.

9

Le corps immanent ou le corps-esprit

Le philosophe parle du point de vue du corps-esprit, du corps vivant, du corps affectif. C'est ce corps qui est visionnaire, qui est une vaste intelligence connectée à celle de la nature ou de Dieu. Ce corps vivant est pure immanence. Il ne peut être touché que par lui-même, que par son autovision ou son auto-étreinte, véritable corps à corps immanent, l'immanence de ce corps à corps n'étant rien d'autre que l'esprit. Dès qu'il y a langage, il y a sortie hors de cette immanence, création d'une extériorité ou d'une transcendance, y compris création d'un Dieu transcendant, se trouvant au-dessus de la nature. Le langage extériorise ou objective nécessairement. Il n'est que la traduction de la pensée. C'est la pensée même, comme partie du corps, qui produit cette sortie hors du corps immanent, provoquant le dualisme entre le corps et l'esprit, comme si les deux étaient séparés, tout en étant étroitement unis. Un tel dualisme permet à son tour la division entre l'ici-bas et l'au-delà, entre cette vie-ci et une autre vie, entre la vie apparente et la vraie vie. En découle également le dualisme du bien et du mal, comme appartenant à deux instances ou entités séparées. La pensée est à l'origine de tous ces dualismes ou de toutes ces divisions, dualismes ou divisions immédiatement reportés dans le langage : division entre ce qui est et ce qui devrait être, entre la réalité et le modèle, division entre le sujet et l'objet, le sujet et l'action, le sujet et l'attribut, etc. La pensée a une fonction nécessaire dans la défense et la protection de la vie. Elle permet notamment de pallier l'insuffisance des instincts. Toutefois, il se trouve que, forte de ses réussites dans le domaine de la défense et de la protection de la vie, elle a pris, au cours de la préhistoire et de l'histoire, des dimensions disproportionnées, au point que de bénéfique elle est devenue en grande partie maléfique, engendrant presque autant de problèmes qu'elle en résout, résolvant des problèmes techniques d'un côté, créant d'innombrables problèmes vitaux, existentiels, culturels, civilisationnels de l'autre, mettant en danger l'existence même des individus, voire celle de l'espèce. Certes est-il besoin souvent de diviser, de séparer pour analyser, clarifier, ordonner, mais un tel procédé crée au contraire la confusion et le désordre lorsqu'il est appliqué à la vie qui ne comporte pas en elle une telle division, qui se caractérise au contraire par son immanence. C'est ainsi concrètement, pour en revenir à la question du corps, que celui-ci est perçu par la pensée comme un corps extérieur, organique, biologique, plus ou moins le corps-machine de Descartes. La pensée établit une division entre le corps visible, extérieur, objectif et une tout autre instance qui serait l'âme ou l'esprit. Une telle division est source d'innombrables confusions, conflits et illusions. La pensée ne peut faire autrement que d'établir une distance, une division et, par conséquent, un conflit. Elle ne peut avoir accès au corps vivant, c'est-à-dire au corps-esprit ou corps immanent. Celui-ci lui échappe, bien qu'elle-même en fasse partie. En fait, il faudrait plutôt dire qu'il lui échappe parce qu'elle en fait partie. La pensée ne peut se saisir elle-même. Elle ne peut qu'établir à l'endroit d'elle-même la même distance ou division qu'elle établit d'emblée avec le corps ou avec la vie — en fait, avec tout ce qu'elle touche ou qu'elle cherche à toucher, sans y parvenir, demeurant à une distance intrinsèque de tout objet, tout objet ou objectivation étant déjà le signe ou la marque de cette mise à distance. Seul le corps immanent peut toucher directement la pensée, c'est-à-dire la voir sans distance, précisément en immanence, sans aucun mouvement de division, sans aucun conflit. Cette intelligence immanente échappe à la pensée et au langage, pensée et langage ne peuvent venir qu'ensuite, produits ou fragments de cette intelligence, incapables de la saisir, tout au plus capables de la traduire précisément en idées ou en mots, de la signifier de cette façon, de l'indiquer de loin, du fond d'une distance ou d'une division. Alors que la pensée et le langage procèdent dans le temps, ne faisant d'ailleurs qu'un avec lui, l'intelligence vivante ou immanente relève de l'intemporalité. La pensée et le langage ne peuvent donc que fragmenter cette intelligence vivante, que la diviser entre passé, présent et futur. D'où l'impression que nous avons que la pensée n'est jamais au rendez-vous de la réalité ou de la vie, qu'elle est toujours en retard, en différé, ou en anticipation, en attente, dans une position rétrospective ou prospective, toujours à distance, à côté, à l'extérieur, dans une position de spectateur, incapable de faire corps avec la réalité, la vie ou le corps vivant même.

10
L'intemporalité de l'événement

Un événement survient. Il surgit tel un éclair, inattendu, imprévisible. Impossible, il s'installe pourtant comme s'il était chez lui. Son inquiétante étrangeté n'a d'égal que son inquiétante familiarité. Il est comme la vie, il arrive comme la vie, il est la vie, étrange et familière, insaisissable et ne faisant qu'un avec nous, inconnue et se trouvant à la source de toutes les tentatives de connaître. L'événement arrive en dehors de toute raison, ce n'est que rétrospectivement que nous lui cherchons et trouvons des raisons. Il arrive d'abord, il devient possible ensuite. Ce n'est qu'après coup que nous tentons de l'expliquer. Toute explication demeure cependant partielle, fragmentaire, le surgissement ou l'apparition même de l'événement, à savoir son existence même d'événement échappant à l'explication. L'événement, en effet, aurait pu ne pas arriver, il aurait pu arriver à un autre moment, il aurait pu arriver autrement. Il s'entoure d'une aura irréductible de hasard, d'inconnu, de mystère, d'inexplicable, d'incompréhensible. Toutes les tentatives de la pensée ne peuvent que toucher un mur infranchissable. Il y a une part de l'événement qui échappe littéralement à la pensée. Celle-ci ne peut saisir l'événement vivant dans son surgissement même. Elle ne peut que le redoubler dans une idée, une représentation, une image — un discours, une inter- prétation, un commentaire. Elle ne peut que scinder l'intemporalité de l'événement — les dimensions «il n'est pas encore arrivé», «il arrive», «il est déjà arrivé» comme se télescopant, comme entremêlées, comme simultanées — en temporalité elle-même scindée. L'événement ne peut être saisi ou vécu comme tel par la pensée. Celle-ci ne peut le saisir que rétroactivement. L'événement n'est pas encore, donc il n'y a rien eu,

l'événement est déjà survenu, et tout est autre, tout est nouveau. L'événement est comme un fantôme, n'ayant d'autre présence que celle de son
absence. Il n'existe que par les traces qu'il laisse, n'a d'autre présent que
son passé, d'autre présence que le futur qu'il provoque. C'est précisément
parce qu'il n'est pas vécu comme événement, comme avènement, qu'il
devient passé et qu'il détermine, en tant que tel, le futur. La pensée est
prise entre un événement irréductiblement passé, le hasard de son
surgissement dorénavant transformé en fatalité, et un événement irréductiblement à venir, lui aussi hors de portée ou d'atteinte, ne pouvant faire
l'objet que d'une anticipation ou d'une attente, d'un espoir ou d'une
crainte, événement comme tel imprévisible, improbable, impossible.
L'intemporalité de l'événement ne peut se déployer librement, elle est
brisée, divisée par la pensée, dans l'absence de tout présent vivant, la
pensée n'ayant d'autre perspective que rétrospective et prospective. Dans
tout événement qui survient, il y a une part irréductible de flou, de tremblement, de flottement, d'étrangeté, de silence, d'inconnu. La pensée ne
peut avoir accès à cette part, elle ne peut au contraire, dans son fonctionnement, que l'ignorer, que faire comme si elle n'existait pas, toute la place
étant occupée par les idées, les propositions, les significations, les
explications. Cette part de silence ou de vide ne se met pas en mots, elle
demeure à tout jamais vide ou silencieuse, n'étant goûtée que par un esprit
lui-même vide ou silencieux, pur esprit d'observation ou d'attention.
Aucun sens en ce silence, aucun objet en ce vide, aucune causalité, aucune
finalité, aucune intelligibilité, aucune utilité. Juste un peu de vie à l'état
pur, de cette vie à laquelle participe forcément la pensée, mais qu'elle ne
peut embrasser ou étreindre, étant d'emblée à distance d'elle-même,
opérant d'emblée dans la division et le conflit.

11
La mort et la pensée

La passivité transcendantale comme non-agir radical est celle de la mort, mort qui précède la naissance et suit la vie, mort en réalité toujours présente, ou plutôt toujours absente au sein de toute présence, mort comme rien ou néant au cœur de tout objet, de toute image, de toute idée, mort immortelle comme terreau d'où s'élance toute vie, fond sans fond de passivité d'où naît et renaît toute action, toute réaction, toute intervention, toute pensée. Bien plus que celui de l'être, le véritable problème pour la pensée n'est-il pas celui du néant? Être et pensée sont le même, comme le voyait déjà Parménide. Ce n'est pas son être, mais sa propre fin, sa propre mort qui fait problème pour la pensée, c'est elle qui est proprement impensable, mais c'est aussi forcément à partir d'elle — la mort qui suit est aussi celle qui précède — qu'elle pense. La pensée procède entre deux morts. Tout ce qu'elle pense d'éternel et d'immortel se tient entre deux morts: il naît et il meurt. Elle-même naît et meurt. Et entre les deux, la mort ne cesse de rôder, de menacer, d'insister, se dérobant à toute emprise, proprement irréelle, incroyable, impensable, trouant ou creusant les objets, les images et les idées, inscrivant la finitude, l'incomplétude, l'inachèvement au cœur de tout objet, de toute image, de toute idée. Le caractère fragmentaire de la pensée est un symptôme de cette fissure ou fêlure provoquée par l'insistance de la mort. Les fragments ne peuvent jamais se rassembler pour former une totalité, ils ne peuvent tous ensemble concourir à une finalité, ils sont irréductiblement séparés, irréductiblement hétérogènes, ne cessant de muter, de tourbillonner et de bifurquer. La mort interdit toute totalisation ou unification. Puisque la pensée est trouée, fragmentée, tous ses produits le sont également: c'est le règne de la multiplicité, de la différence et de la divergence. La mort est l'altérité radicale, ce qui échappe absolument. Elle est le *ne pas* absolu au sein de tout être. Elle est la contestation silencieuse de toutes les vérités, de toutes les évidences, de toutes les certitudes de la pensée. Elle réfute en silence, sans apporter de preuves, sans donner de raisons, ce que la pensée imagine, projette, espère, croit. Elle est vraiment la limite absolue de la pensée. En elle s'engouffre tout ce qui est supposé défier le temps : l'âme immortelle, les traces indélébiles, Dieu lui-même.

Les preuves de l'existence de Dieu n'ont jamais manqué pour la pensée ou pour la raison pure. Le vaste domaine de ce qui suit la mort, comme celui de l'au-delà, est un champ fertile pour toutes les complaisances et toutes les illusions. On peut même évaluer la rigueur d'une pensée à ce critère. Dans quelle mesure la pensée est-elle entraînée dans une propension irrésistible à spéculer sur le posthume, sur l'héritage et sur les traces qu'elle laissera, sur des états qu'elle connaîtra secrètement une fois qu'elle ne sera plus ? Dans quelle mesure également se met-elle d'ores et déjà dans tous ses états à la perspective de la mort, comme si celle-ci était une réalité qu'elle pouvait connaître et éprouver dès maintenant, comme si tous ces états ne dépendaient pas plutôt d'une idée ou d'une image qu'elle se fait de la mort ? La pensée confond-elle l'idée ou l'image qu'elle se fait de la mort avec la mort elle-même ? En ce sens, compte tenu de l'ignorance radicale que la pensée a de la mort — dans la mesure où, comme Socrate, elle reconnaît ses limites et admet honnêtement qu'elle ne sait pas —, Spinoza a raison de dire que la philosophie est une méditation de la vie, non de la mort. Abuser du nom de la mort est comme abuser du nom de Dieu : c'est le signe que la pensée ne reconnaît pas ses limites, qu'elle se complaît au contraire dans la spéculation ou l'imagination, pour ne pas dire le délire, c'est le signe d'un manque de rigueur ou de sobriété. Quand on regarde les grandes religions, on constate que toutes tournent autour de la mort, que toutes trouvent leur raison d'être dans leur spéculation ou leur imagination concernant ce qui suit la mort. Toutes affirment savoir ce qui en est : immortalité ou réincarnation. Plus encore, toutes sont amenées à affirmer plus ou moins que la vraie vie se trouve de l'autre côté de la mort, non de ce côté-ci. La vraie vie est la survie, alors que nous ne vivons pas encore. Voilà une autre illustration de l'incapacité de la pensée à saisir la vie. Celle-ci ne peut être que séparée d'elle-même, que différée, que remise à plus tard, voire renvoyée dans une autre dimension. La pensée ne peut que tuer la vie et ne l'accepter tout au plus que comme survie, vie différente d'elle-même, extérieure à elle-même, donc vie morte, ne pouvant effectivement se dérouler qu'après la mort. Et c'est sur ce champ vierge de toute empirie et de toute vérification — pur champ spéculatif ou imaginaire — que la pensée peut délirer tout son soûl, ce dont ne se prive d'ailleurs aucune religion du monde.

Alors même que la pensée rêve à un autre monde, à un paradis, le proclamant haut et fort, la mort accomplit simplement et sobrement son œuvre, retournant le corps à la terre dont il est né. Alors que les hommes se tuent pour devenir immortels, la mort les fait sombrer doucement et calmement dans le gouffre de l'oubli. La pensée ne peut qu'avoir raison puisqu'elle détient la raison, elle seule parle, elle monologue ou dialogue avec elle-même, mais à côté de la pensée, dans une dimension tout autre, la mort agit par non-agir, en ne réalisant pas les fantasmes de la pensée, en n'étant pas au rendez-vous de ses attentes, en ne donnant pas suite à ses désirs. La mort se situe précisément dans la dimension du *ne pas*. Elle ne fait rien, elle ne fait pas. Elle est le *ne pas* radical au cœur de l'action, de l'image, de l'idée. La pensée demeure enfermée en elle-même, elle ne peut faire autrement. Même quand elle pense à la mort, il s'agit d'une mort à son image. Quand la pensée dit que la mort est l'autre radical, cet autre se définit forcément par rapport au même, c'est-à-dire par rapport à elle-même. En nommant la mort, la pensée la rend familière, l'annexe à son domaine, en fait une de ses dépendances: pas surprenant que la mort ressemble à la pensée même, qu'elle prenne la forme d'une continuité, qu'elle soit comme l'écho ténébreux de ses images et de ses croyances. Cependant, la mort n'a rien à voir avec la pensée. Quel visage avions-nous avant notre naissance, demande le maître zen? Celui que nous aurons après notre vie. N'est-ce pas d'ailleurs celui que nous avons d'ores et déjà derrière le visage de chair, d'os et de sang, visage auquel les autres nous identifient et auquel nous nous identifions nous-mêmes? Derrière toute identité qui me fait dire ce que je suis et qui me fait croire à ce que je dis, n'y a-t-il pas un *ne pas* radical, fondamental, un néant comme fond sans fond de tout être, de toute action et de toute affirmation? Le néant est le vrai problème en même temps que ce problème est insoluble. Qui serai-je, que serai-je une fois mort? Qui étais-je, qu'étais-je avant de naître? Que sont devenus les êtres du passé? Si nous pensons à eux, pensent-ils à nous? Si nous pleurons sur eux, pleurent-ils sur nous? Sont-ils à plaindre? Veulent-ils qu'on se souvienne d'eux? Souffrent-ils d'être oubliés? Quelle absence creusent-ils au cœur de notre présence? Quelle est la nature de cette absence? Leur mort ne touche-t-elle pas directement notre propre mort? Leur absence ne communique-t-elle pas directement avec notre propre absence? À côté de ces questions inouïes, que valent toutes les réponses traditionnelles formulées en termes de réincarnation ou d'immortalité? Ces réponses littéralement toutes faites ne sont-elles pas des jeux d'enfant, des façons de ne pas poser les vraies questions, de ne pas les laisser résonner en nous de manière à nous instruire et à nous transformer? Nous avons peur de la mort, sans nous demander si la mort-dans-la-vie n'a pas quelque chose de profondément libérateur. Le néant n'a-t-il pas l'étrange puissance de libérer la vie de ses prisons et de ses illusions? N'est-il pas infiniment plus puissant que tous les objets, toutes les images, toutes les idées, toutes les croyances? Tout ne vient-il pas du néant et tout n'y retourne-t-il pas? Plus concrètement, le néant ne confère-t-il pas une immense gratuité à toute vie? Pas de péché, pas de dette par rapport à un avant, pas de preuves, pas de raisons à donner, pas de traces à laisser dans un après. La vie est absolument gratuite. Elle est une pure grâce. Elle ne sert à rien. Elle est un feu d'artifice. Elle resplendit comme une comète.

L'on reprochait aux partisans du devenir de se contredire. Comment penser le devenir en effet, puisque la pensée implique au contraire une certaine fixité? Penser et dire «le devenir», n'est-ce pas d'emblée le figer? Donc, il n'y aurait pas devenir, mais être. En mettant en avant l'être, la pensée se met en avant elle-même. En fait, il y a bel et bien devenir, mais la pensée et le langage sont incapables de l'exprimer adéquatement. La réalité du devenir introduit l'aporie au sein de la pensée. L'aporie n'est pas une exception, mais la règle. S'il n'y a pas une forme d'aporie, la pensée règne en maîtresse et se soumet la réalité. Elle demeure superficielle et ne va pas assez loin, à savoir jusqu'au point où elle touche sa limite ou son autre. Elle reste à l'intérieur d'elle-même, pensant élargir sans cesse ses frontières au fur et à mesure qu'elle s'exerce — sans cesse en expansion —, se concevant sur le modèle de l'univers ou concevant l'univers sur son propre modèle. La pensée ne peut saisir la mort. Il n'y a pas de fin à son exercice. Elle anticipe demain, se déplace librement à travers le temps. Son arrêt ou sa fin brutale se trouve hors de sa portée, si ce n'est comme une idée ou une image confirmant son impérialisme et sa toute-puissance, loin d'en montrer les limites. Et pourtant, la pensée meurt abruptement, cesse soudain de fonctionner, perdant d'un coup toute sa force et toute sa prétention. Mais sa propre mort lui apparaît comme un fantasme. Quant à la mort d'autrui, la pensée demeure un moment devant elle bouche bée, quand elle ne tente pas de la recouvrir immédiatement sous des croyances qu'elle a elle-même créées. Mais elle repart bien vite comme si de rien n'était, comme s'il n'y avait pas eu catastrophe absolue, rupture complète, remise en question de toutes les idées et de toutes les images, effondrement de son monde, de ses catégories et de ses valeurs. Elle oublie et repart, oublieuse de son oubli, de ce rien au cœur d'elle-même qui la troue, alors qu'elle ne peut s'empêcher de croire au contraire à une certaine forme de continuité. Quand elle fonctionne, la pensée ne peut manquer de se donner raison. Par conséquent, toute entreprise qui remet en question le pouvoir exorbitant accordé à la pensée ne peut être perçue que comme aporétique, étrange, marginale. Elle est marginale dans la mesure où la pensée à l'œuvre occupe forcément le centre. Elle est le centre. C'est autour d'elle que le monde tourne. Comme l'Idée platonicienne, elle est une espèce de soleil intelligible ou spirituel, même si ce soleil peut si facilement s'obscurcir et s'éteindre si le fil de la vie qui l'alimente se trouve soudain coupé par un quelconque accident. Or ce fil de la vie est toujours fragile, lié à un corps sensible et vulnérable, lui-même relié à la terre par toutes ses fibres. Ce n'est pas par rapport à la seule mort que la pensée est limitée, mais aussi par rapport à la vie. Elle ne peut pas plus saisir la vie qu'elle ne peut saisir la mort. Elle saisit la vie comme elle saisit la mort, de l'extérieur, la transformant en autre chose qu'elle, une idée ou une image. Elle immobilise la vie, alors que la vie ne cesse de couler, elle introduit en elle la distance, alors que la vie est rapport immédiat à soi, aux autres et au monde. Ce sera certes la pensée qui le dira, mais une pensée au service d'une perception qui lui sert d'assise et qui la déborde.

La mort indique de manière très éloquente — l'éloquence du silence — que, pour l'essentiel, il n'y a pas dans la vie de progrès. Elle survient en effet n'importe quand, sans tenir compte des acquis ou des projets. Elle effectue une rupture au milieu d'un cheminement. Elle indique que le cheminement ne visait aucun but, qu'il consistait à mettre un pas devant l'autre et à être le témoin attentif du paysage qui se déroulait. La mort est constitutive de la vie. Elle nous renseigne sur la structure secrète de celle-ci. La vie ne sert à rien. Elle ne va nulle part. Elle apparaît et disparaît. Nous pouvons progresser dans l'accumulation de connaissances, d'expériences, d'objets ou de richesses, mais sur le plan fondamental de l'acte même de vivre, du sens de la vie, de ce que nous sommes ou éprouvons au plus profond de nous-mêmes, la mort nous informe qu'il n'y a pas de progrès, puisqu'elle peut survenir n'importe quand, en plein milieu d'une action, telle une rupture ou une interruption soudaine et sans raison. Ce n'est pas qu'il nous faille constamment être prêt à partir, car il n'est pas possible d'être prêt, c'est la surprise au contraire qui caractérise l'irruption de la mort. Tout ce que nous pensons ou appréhendons d'elle ne tient pas, il est brusquement interrompu au profit d'un autre mouvement inattendu, inconnu. Puisque la mort est là, qu'elle rôde depuis notre conception et notre naissance, laissons-nous instruire par elle. Nous n'étions pas et ne serons plus, l'être n'étant qu'un bref intervalle entre deux non-être. Sachons que nous n'avons pas le temps d'atteindre nos buts, pas le temps d'évoluer ou de progresser, puisque la mort va toujours survenir à contre-temps, et cela même si nous sommes très âgés. Même âgée, la vie se sent ou se veut immortelle, elle épouse l'infini du réel, et la mort qui survient est toujours absurde, scandaleuse, incompréhensible. De plus, la véritable jeunesse est celle du cœur, et le cœur bien souvent est plus jeune à un âge avancé qu'il ne l'est à un âge tendre. Dans tous les cas, quand la mort arrive, le temps se condense et l'on a l'impression que la naissance, l'enfance, la jeunesse, c'était hier. La mort arrive toujours trop tôt. Nous ne sommes jamais prêts, nous ne pouvons pas l'être. La mort nous indique que ce qui compte, ce n'est pas la longueur du temps, ce n'est pas la réalisation de nos buts, mais l'intensité ou la qualité de la vie telle qu'elle se déroule d'instant en instant, cet instant pouvant toujours être le dernier. Il y a plus encore. C'est dans la nature même de l'esprit qu'il ne puisse progresser ou évoluer. La pensée, elle, le peut ou peut le croire. Elle peut, par exemple, devenir plus savante, plus habile, plus cynique, mais l'esprit, lui, trouve sa jeunesse dans une éternelle innocence, un éternel recommencement, une mort continuelle permettant une vie renouvelée. La mort est une force de rupture ou d'anti-progrès. L'esprit n'évolue pas ou ne progresse pas, mais il meurt au contenu de la pensée, à ses ambitions, à ses buts ou à ses projets, à ses blessures ou à ses frustrations, de manière à retrouver son innocence, à percevoir d'un regard neuf. La connaissance ou l'observation de soi induit une rupture ou une mort au sein du cheminement ou du processus en cours. Toute la vitalité s'incarne ou se réalise, au lieu de se diviser en se projetant dans le futur. L'idée du progrès est balayée sans qu'aucun effort ne soit fait, comme lorsque la mort survient, venant brutalement, absurdement, mettre fin à une vie. La mort nous bouscule, nous violente, nous dépasse, force notre pensée à se résorber soudain au profit d'une nouvelle vitalité, celle du corps entier ou silencieux.

12
Créer par-delà soi-même
ou Un surcroît de vie

Pourquoi la nature crée-t-elle? Ou plutôt pourquoi la nature est-elle création? Aucune raison, aucun but. Il en est de même de la création se déroulant à l'échelle humaine. Elle aussi est de l'ordre du luxe, de la surabondance, du surcroît. Elle est pure manifestation d'elle-même. Comme l'est la joie. La joie est pure manifestation de vie. La puissance de celle-ci se déploie librement, comme le fait la puissance infinie de la nature. *Il y a* puissance, *il y a* vie. Et cela donne le processus sans commencement ni fin de la création. L'homme mourra et toutes ses œuvres, tous ses accomplissements. Mais tout le temps qu'il aura été, il n'aura cessé de créer dans tous les domaines, artistique, littéraire, religieux, philosophique, scientifique, technique. Il ne crée pas d'abord dans un but utilitaire, pour résoudre des problèmes, pour maîtriser son environnement, mais tout simplement parce que c'est plus fort que lui. Lui-même est une création de la nature et il continue, à son niveau, à partir de sa singularité, cette création qui le traverse et le constitue. Il ne peut faire autrement, il n'en a aucun mérite, il hérite cette faculté de créer de sa mère, la nature. Peu importe que ses œuvres tombent dans l'oubli — ce qui ne peut manquer de se produire si l'on se place à l'échelle du cosmos —, sa vie aura été processus de création sans raison ni but. Même si, secondairement, des buts ou des raisons peuvent être assignés à telle ou telle création, l'ensemble des buts et des raisons se trouve lui-même sans but et sans raison, et est, lui aussi, l'effet ou le produit d'un processus de création. À quoi sert la nature? À quoi sert la terre? À quoi sert la vie? À quoi sert l'homme? À rien. Nous retrouvons ici encore le rien ou le vide, signe invisible de la création et de son caractère fondamentalement gratuit, sans raison et sans but. C'est pour rien que l'homme vit et c'est aussi pour rien qu'il crée. Toute la perspective utilitaire imposée par la pensée ne fait que découper un étroit domaine à l'intérieur du vaste domaine de la création comme pure manifestation de puissance. Tout l'utilitaire est subordonné à l'inutile, à savoir au pur fait qu'il y a la nature, qu'il y a la terre, qu'il y a la vie, qu'il y a l'homme. Il y a, *es gibt*, «cela donne» (Heidegger). Le don est création. L'acte le plus généreux est l'acte créateur, car c'est dans la création qu'un être donne le meilleur de lui-même. Comme l'a vu Nietzsche, l'on ne peut créer que par-delà soi-même, la création impliquant l'apparition de nouveauté, donc le dépassement de ce qui est. Par contre, un tel dépassement ne peut se faire qu'à partir de ce qui est. C'est uniquement en empoignant ce dernier qu'on peut le dépasser. C'est paradoxalement en le laissant être qu'il est amené à se dépasser lui-même. Tel est le plus grand don, tel est l'acte le plus généreux. Ce n'est pas une affaire d'intention, mais de puissance. La nature est la plus généreuse, elle est don de la vie, elle nous donne à nous-mêmes. Elle nous laisse être. C'est à partir de là que nous pouvons nous dépasser et créer à notre tour, donner à notre tour. Que pouvons-nous donner de plus grand, si ce n'est un surcroît de vie, une vie plus puissante, c'est-à-dire une vie libérée de ses prisons? Le créateur encourage les autres à créer. Ce sont des créateurs que cherche le créateur, et non des disciples, non des croyants, non des troupeaux. Être des créateurs nous-mêmes, voilà la vraie façon d'admirer les grands créateurs. Non pas répéter ce qu'ils ont dit, mais faire comme eux, oser à notre tour.

13

Abandonner toute réponse

Nous voulons à nos questions une réponse rapide et la trouvons dans les réponses toutes faites, déjà données, appartenant à notre conditionnement. Alors que pour découvrir une réponse inédite, il faut n'en accepter aucune, les remettre toutes en question. Il ne faut jamais être pressé de clore la question par une réponse, mieux vaut demeurer dans l'ouverture de la question, car c'est précisément en cette ouverture que réside une autre sorte de réponse. Mais nous voulons savoir. Or il nous faut admettre notre ignorance radicale. Celle-ci ne comporte rien de négatif. Elle est au contraire ouverture, disponibilité, faculté de découvrir. Mais nous sommes pressés, nous ne prenons pas le temps de nous arrêter afin d'examiner par nous-mêmes les grandes questions de l'existence. Ou encore nous sommes paresseux. Nous ne voulons pas nous creuser les méninges, ne voulons par remettre en question les réponses auxquelles nous sommes habitués. Nous nous en tenons à des réponses faciles, nous cherchons à nous divertir constamment, nous manquons de sérieux, nous nous fions au ouï-dire, nous nous accrochons à la parole d'un maître ou à celle de la tradition. Nous ne nous sentons pas capables de reprendre les questions à nouveaux frais et de les examiner par nous-mêmes. Nous préférons avoir des solutions de seconde main. Mais une solution de seconde main ne vaut rien. Ce qui n'est pas découvert par nous-mêmes demeure théorique, verbal, intellectuel au sens péjoratif du terme. Nous gardons nos distances par rapport à lui, il ne nous convainc pas vraiment, subsiste toujours un doute à son endroit. C'est la réponse d'un autre et non la nôtre. C'est seulement quand nous voyons par nous-mêmes qu'il y a une véritable réponse. Une telle réponse est action. C'est avec tout notre être — notre corps, notre cœur, notre esprit — que nous voyons ou saisissons. Alors la réponse nous prend tout entiers. Elle ne fait qu'un avec nous. Mais malheureusement nous sommes souvent trop paresseux pour une telle réponse, une telle vision, une telle passion. Nous demeurons plutôt en retrait, peureux, ne nous investissant pas complètement dans notre recherche, n'y mettant pas toute notre passion. C'est d'ailleurs pourquoi nous ne trouvons rien par nous-mêmes et nous contentons de solutions de seconde main. Nous ne prenons pas le temps, pas la peine et pas la joie de demeurer profondément immobiles devant ce qui est, afin de le voir ou de le comprendre tel qu'il est. Nous ne le laissons pas apparaître, pousser, devenir, se développer et s'épanouir en nous de telle sorte qu'il puisse se révéler complètement. Nous sommes trop pressés et opposons à la manifestation de l'événement une formule toute faite, une connaissance verbale, une explication partielle, une conclusion précipitée. Nous ne laissons pas la réalité se révéler lentement, librement, complètement. Peut-être cette précipitation et cette paresse sont-elles dues à une médiocrité généralisée, telle qu'on la constate à la grandeur de la société, telle qu'elle se manifeste notamment dans la publicité et dans le divertissement omniprésents. Cette médiocrité généralisée, si ostentatoire, n'a-t-elle pas pour effet, à coups d'excitations épidermiques et de bavardage, d'épuiser l'esprit, de le rendre hagard, de le déprimer, de le vider de sa force ou de sa puissance, si bien qu'il devient ankylosé, ayant besoin de nouvelles sensations, de nouvelles stimulations pour se tenir tant soit peu éveillé, incapable d'une véritable passion, incapable de saisir la réalité à bras-le-corps, incapable de voir par lui-même?

14

La prétention de la pensée

L'une des sources de la fausseté ou de l'hypocrisie ontologique ou transcendantale de l'être humain réside en sa prétention de contrôler le contenu de la pensée ou, plus précisément exprimé, dans la prétention de la pensée de contrôler son propre contenu, comme si la pensée était à l'extérieur de ce contenu, comme si elle ne faisait pas qu'un avec lui. Toutes les instances du pouvoir collectif, au premier chef les religions, ensuite les États et leurs diverses autorités légales, morales, idéologiques, encouragent cette prétention. L'homme cherche à devenir quelqu'un de respectable, et ce quelqu'un s'incarne dans un certain contenu de la pensée — certains affects, idées, images. Grande est la déception quand l'homme fait l'expérience d'un tout autre contenu. L'homme ne devrait pas penser ainsi, entretenir telle image, éprouver tel affect. Il se rend compte alors combien il demeure loin de l'idéal visé. L'homme est un éternel apprenti sur le chemin de l'idéal, celui-ci se dérobe au fur et à mesure qu'il avance, il pense avoir avancé pour constater amèrement qu'il se retrouve au même point. Le contenu réel de la pensée contredit son désir d'évoluer ou de progresser, entre en conflit avec son idéal de perfection, de bonheur, de sainteté ou de sagesse. L'homme entre donc lui aussi en conflit avec ce contenu — la pensée entre en conflit avec elle-même ou son contenu —, il se ment à lui-même et ment aux autres, il doit mentir s'il veut persévérer sur le chemin qu'il s'est donné ou imposé, s'il veut encore croire en lui-même ou plutôt en l'image idéale de lui-même. Mais l'homme a-t-il réellement le pouvoir de contrôler le contenu de la pensée ? A-t-il réellement le pouvoir de ne pas penser ce qu'il pense, de ne pas éprouver ce qu'il éprouve ? Il le pense et l'éprouve d'abord et entre en conflit avec lui ensuite, tentant de lutter contre lui. Et si l'idée, l'image ou l'émotion disparaît, ce n'est pas comme le résultat ou le fruit de cette lutte, mais l'idée, l'image ou l'émotion disparaît plutôt d'elle-même, poussée par une autre idée, une autre image ou une autre émotion tout aussi involontaire, quitte à ce qu'elle revienne plus tard tout aussi inopinément, surprenant de nouveau le sujet humain et l'envahissant à son corps défendant. Prétendre que l'homme a le pouvoir sur le contenu de la pensée est une fausseté. Il peut certes lutter et, par cette lutte, perturber le cours de la pensée, mais celui-ci est plus ample que la volonté, qui n'en est qu'un des multiples éléments. Il nous semble que ce n'est pas là la bonne façon de l'entendre. Il faut d'abord voir pour constater ce qui se passe : combien les idées, les images et les émotions arrivent d'elles-mêmes, sans être invitées, souvent au moment où nous les attendons le moins, et combien elles nous prennent tout entiers, nous submergent, quitte à repartir aussi rapidement qu'elles sont venues. Il faut aussi constater les réactions internes à ces idées, à ces images ou à ces émotions perturbantes ou négatives, comment le moi ou la pensée se rebiffe, résiste, tente de lutter afin de maintenir le cap sur l'image idéale. Il faut nous demander si une telle lutte est efficace, si elle parvient effectivement à triompher de l'adversaire désigné à la fois socialement et individuelle-ment, ou si au contraire elle ne fait pas partie intégrante des idées, des images et des émotions négatives, contribuant à les exciter ou à les provoquer. Il faut en un mot comprendre toute la nature et la structure de la pensée à l'œuvre, l'ensemble de son mouvement et de son condition-nement constitutifs. Seule une telle vision ou une telle compréhension peut modifier d'un coup la perspective, effectuer une véritable révolution. À l'intérieur de la lutte, de la friction, de la tension, ce ne peut être que le règne de la fausseté et de l'hypocrisie. L'homme cherche à être ce qu'il n'est pas, à passer pour ce qu'il n'est pas, à tromper les autres et à se tromper lui-même. Toute la réalité humaine est construite là-dessus. Kant a beau affirmer qu'il ne faut pas mentir, il ment déjà sans le savoir dans une telle proclamation ou injonction. Il lui manque, comme à nombre de philosophes d'ailleurs, une connaissance de première main du fonction-nement de la pensée. Les philosophes, comme tous les humains, sont d'emblée pris dans la pensée, complètement immergés. Un tel manque n'en est pas moins ironique chez ceux qui se prétendent des penseurs ou des spécialistes de la pensée. Cependant, la compréhension ou la saisie de la pensée ne peut justement pas être l'œuvre de la pensée elle-même, qui ne peut que mentir sur son propre compte. Elle doit être l'œuvre d'une vision immédiate, sans intermédiaire, sans préjugé ou sans pré-pensé, d'une observation complètement neutre qui ne part pas d'une conclusion ou d'une connaissance, d'une autorité ou d'une citation. Or les philosophes sont pour la plupart complètement pris dans la pensée des autres et dans un réseau étouffant d'intertextualité. Il faut au contraire une grande innocence ou une grande ignorance pour observer la pensée telle qu'elle est.

15
Regard libre

D ans la mesure où la pensée domine, l'être humain n'est pas libre. La pensée n'est pas libre. Elle est un mécanisme hypersophistiqué et très puissant. Elle crée le moi comme son centre, loin que le moi puisse la contrôler. Il ne peut y avoir réelle liberté que s'il y a vision ou compréhension du mécanisme de la pensée. Tant que les humains sont emportés par ce mécanisme, ils ne sont pas libres par définition. Très peu le sont en fait. La liberté n'est pas un état mais une conquête, une vision. Si le travail de connaissance ou d'observation de soi n'est pas effectué, la liberté ne peut éclore. Les humains sont conditionnés, influencés, manipulés. Ils ne s'appartiennent pas, non qu'ils soient dirigés par un Dieu ou un extraterrestre, ni même par un complot mondial, mais ils sont produits par un mécanisme interne — celui de la pensée — qu'ils ne comprennent pas, mécanisme qui a évolué et s'est développé au cours de l'histoire biologique et culturelle de l'homme. Celui qui ne comprend pas le mécanisme de la pensée ne comprend pas l'homme. L'homme *est* la pensée. Nous ne cessons de pointer en direction de celle-ci, insistant sur tel trait ou tel aspect. Tous font référence à la même nature ou même structure. L'important est de voir la pensée elle-même, ce qui ne va pas de soi dans la mesure où nous sommes d'emblée pris en elle, que nous voyons à travers elle, que c'est elle qui d'emblée voit. Peut-on voir ce qui voit? Peut-on tourner le regard sur lui-même? Ou peut-on faire appel à un autre regard, qui n'est pas celui de la pensée — regard sans distance, immédiat, seul capable de comprendre ou de saisir la pensée en acte? Et qui est ce «on»? N'est-ce pas le regard lui-même ou la vision elle-même? La pensée ne peut se voir ou se saisir elle-même. Elle ne peut que se fragmenter, de telle sorte que ce qui voit est différent de ce qui est vu, une distance intrinsèque les séparant. Voilà d'ailleurs toute l'aporie de la pensée. En tentant de se saisir elle-même, elle se dédouble, se divise, si bien qu'elle ne parvient pas à se toucher, qu'elle engendre un double. Elle est un fantôme à ses propres yeux. Le serpent tente en vain de se mordre la queue. Pour qu'il y ait réelle observation, l'observateur ne peut être séparé de l'observé. En d'autres mots, ce n'est pas la pensée qui observe. Il y a plutôt pure observation. Le «on» n'est pas différent de la pensée. Ce n'est pas un fragment qui observe un autre fragment, avec toute la tension, toute la lutte inhérente à une telle observation, mais c'est le mouvement même de la pensée qui se révèle. Il se révèle de lui-même. L'observateur comme fragment ne peut qu'empêcher une telle révélation. Il est en effet juge et partie, évaluant, visant un but, exerçant une résistance ou une pression. L'observateur en tant que fragment séparé doit disparaître pour que l'ensemble du mouvement se révèle librement. Alors, *il y a* l'ensemble du mouvement pouvant aller au bout de lui-même, sans une instance ou un fragment pour l'arrêter ou entrer en conflit avec lui. Ce n'est que par un tel regard libre, ne prenant pas partie, n'évaluant pas, ne luttant pas, que l'ensemble du mouvement de la pensée peut être vu ou perçu.

16

Nous ne connaissons pas la vie

Nous sommes vivants, mais nous ne connaissons pas la vie. Nous pouvons la connaître en tant qu'objet extérieur, grâce notamment à la biologie et à la génétique, mais nous ne la connaissons pas en son être même ou en sa manifestation, en tant qu'elle nous constitue, qu'elle nous fait être, qu'elle nous meut, qu'elle nous émeut, qu'elle est action ou passion de sentir et de se sentir. Nous sommes à distance de la vie quand nous y pensons en même temps que nous ne faisons qu'un avec elle, y compris dans l'acte de penser. Nous parlons ici de la vie comme réalité, et non comme objet, comme idée. Nous *sommes* vivants, mais justement parce que nous le sommes, nous ne le comprenons pas, la vie est un pur mystère. Les vivants ne comprennent pas plus la vie que les morts ne comprennent la mort. Mort et vie sont également mystérieuses. Mais si les morts sont complètement morts, pouvons-nous dire que nous sommes complètement vivants? Et pour être complètement vivants, ne devons-nous pas paradoxalement mourir à tout ce qui entrave, étouffe, asservit la vie au cœur même de la vie, tout ce qui met la vie à côté d'elle-même, tout ce qui sépare la vie de la vie, le vivant du vivant? En fait, nous n'avons pas le choix, il nous faut partir du plus près, de ce qui nous prend et nous surprend, de ce qui nous obsède, de ce qui fait difficulté ou problème. Il n'est pas possible de sauter par-dessus les obstacles, il nous faut les empoigner si nous voulons les surmonter. Il nous faut être attentifs à tout ce qui nous empêche de vivre si nous voulons vivre vraiment. Il nous faut notamment être attentifs à tout le non-dit. Le non-dit est plus important que tout ce qui est dit, car il est la condition de possibilité de tout ce qui est dit. Les discours ne sont bien souvent que les symptômes d'un certain état ou d'une certaine qualité de vie. C'est toujours et uniquement celle-ci qui importe puisqu'elle est la condition de tout le reste. Le non-dit n'est-il pas de l'ordre de l'énigme, du hasard, de l'étrangeté, de l'inconnu — peu importe le nom qu'on lui donne — qu'aucun discours ne peut dire adéquatement puisque celui-ci prétend à une certaine maîtrise, à un certain savoir, qu'il instaure un ordre et une familiarité, ne serait-ce qu'en nommant? La vie est un affect innommable toujours en mouvement. Elle est sans cesse confrontée à la mort, la mort des autres et la mort propre. La mort fait partie du non-dit. La meilleure façon pour un vivant d'être fidèle à sa propre mort est de mourir à ce qui empêche de vivre. Et la meilleure façon d'être fidèle à la mort des autres, n'est-ce pas d'être le plus vivant, le plus complètement vivant, vraie façon d'être fidèle à leur vie même?

17
Le secret de la vie animale

La méditation est la vision de l'esprit. Certes, la pensée est de la partie puisqu'elle seule peut mettre en mots ou en images, mais elle est inspirée par quelque chose de plus grand qu'elle, à quoi elle-même ne peut avoir accès. La pensée est vivante et c'est la vie qui la meut, mais elle ne peut elle-même avoir accès à la vie ou elle ne peut avoir accès qu'à une vie transformée en représentations, en images, en objets ou en mots. La vision, elle, est la vie à l'état pur. La vie chez l'humain prend aussi le nom d'esprit. Celui-ci n'est rien d'autre que le corps vivant. Existe-t-il un équivalent de l'esprit chez l'animal? Sans aucun doute, puisque l'animal est vivant, que lui aussi se compose d'un corps vivant. Cependant, ce que l'homme possède en abondance, alors que l'animal en a peu et sous une forme différente, c'est la pensée. Il suffit de voir le monde de l'homme et celui de l'animal. Le monde de l'homme est complètement déterminé, littéralement imprégné, par la pensée. L'environnement humain, aussi bien matériel que culturel, indissociablement matériel et culturel, est en très grande partie un produit de la pensée. Une ville est un immense cerveau ou une immense pensée. Leibniz disait, dans sa *Monadologie*, qu'une ville était multipliée perspectivement par la multiplicité des points de vue. Cette multiplicité appartient à la pensée. En s'observant ou se réfléchissant, la pensée se fragmente elle-même. Le monde animal, lui, demeure pour l'essentiel naturel, au diapason du corps animal ou vivant même. Le monde humain multiplie, complexifie le corps vivant. Surtout, ce corps donne naissance à une instance qui prend le pouvoir, y compris sur le corps même, bien qu'elle en émane. Cette instance, nous le savons, est la pensée et tout ce qui la constitue, ses divisions, ses fragments, ses

conclusions, ses croyances, ses visées, etc. Le corps animal demeure entier ;
il n'y a pas une instance qui exerce le pouvoir sur le reste ; il n'y a pas
une division entre une âme ou un esprit et le corps ; il n'y a que le corps
vivant. C'est aussi le cas chez l'homme, mais le développement de la
pensée fait illusion, il engendre la croyance en une instance séparée, l'âme
ou l'esprit, comme située au-dessus du corps, survivant à la mort de celui-
ci, constituant l'entité ou l'identité du sujet ou du moi. Avec le triomphe
de la pensée, triomphe aussi l'ego ou le moi. C'est le règne de l'individualisme ou de l'égocentrisme. Cela se fait peu à peu. La pensée se déve-
loppe longtemps avant d'en arriver au règne moderne de l'individualisme
ou de l'égocentrisme. Pendant longtemps, la pensée demeure marquée
au coin de la collectivité. Ce n'est que peu à peu que les individualités ou
les personnes se démarquent dans un nouveau régime du règne de la
pensée, règne de la responsabilité, de l'autonomie, de la performance, de
l'excellence, mais règne aussi de la défaillance, de la fragilité, de l'assué-
tude (*addiction*), de la dépression. Les animaux ne connaissent pas ces
différents épisodes, parce que la pensée demeure chez eux rudimentaire,
ne « prend » pas pour ainsi dire, est comme bloquée à la source dans son
développement. L'esprit des animaux n'est pas terni, corrompu par la
pensée, comme il l'est chez les humains. C'est d'ailleurs la raison pour
laquelle, en dépit de leur infériorité, plus encore *à cause* de celle-ci, les
animaux nous fascinent. Ils représentent un état que nous avons peut-être
connu dans la nuit des temps, auquel en tout cas l'humanité n'a cessé de
rêver, état d'innocence avant la chute dans la pensée, état d'harmonie avec
la nature avant la lente pollution et destruction de celle-ci. La nostalgie
n'est certes pas de mise, car elle est inefficace et ne fait qu'entretenir la
tristesse qui nous rend impuissants. Cependant, nous pouvons voir ou
saisir le secret de la vie animale. L'animal est un pur rapport à soi,
complètement dépouillé de tout le contenu dont ce rapport est encombré
chez l'humain. Tout ce contenu constitutif de l'identité personnelle —
l'identification à un nom, à une réputation, à des possessions, à une
ethnie, à une nation, à une religion, etc. — est en grande partie illusoire.
Il est créé de toutes pièces précisément par la pensée. Il n'a de sens que
pour celle-ci, à l'intérieur de la bulle de celle-ci : la pensée se mire ou
se réfléchit et croit en elle-même, plus encore ne fait pas la différence
entre elle-même, ses croyances, ses connaissances, et la réalité. C'est tout
ce contenu qui constitue le moi ou l'ego. C'est un monde d'espoirs,
d'attentes, de désirs, de peurs. Ce monde est créé de toutes pièces et peut
s'effondrer d'un coup. Il ne tient qu'au fil de la pensée. Le noyau
constitutif de la vie, par contre, est le pur rapport à soi. Ce rapport à soi

est la vie même ou l'esprit. Cela est mystérieux, ne se comprend ni ne s'explique, mais se constate ou s'éprouve. L'animal est tout aussi vivant que nous, tout aussi spirituel que nous, peut-être même l'est-il davantage, car il n'est pas encombré de tout ce qui constitue le moi ou l'ego humain. Son rapport à la vie est plus direct, plus immédiat, plus nu, moins encombré de croyances, de conclusions, d'illusions. La part d'ignorance ou d'inconnu est incomparablement plus grande. Elle ne fait qu'un avec le vide ou le silence constitutif du rapport à soi. En nous débarrassant des faux problèmes — espoirs, peurs, ambitions, attentes… —, ne nous rapprochons-nous pas de l'être ou de la vie animale? Ne pouvons-nous saisir d'un coup cette vie dans son noyau essentiel ou existentiel, dépouillé de tout ce qui l'encombre stérilement? L'animal est un pur vivant. Nous l'admirons pour cette raison. Il est pure vitalité. Il ne vise pas de but. Il s'accomplit ou se réalise dans chacun de ses gestes ou de ses mouvements. Il n'a pas besoin d'un sens venu d'ailleurs, sens extérieur ou transcendant. Sa vie est sens. L'animal n'a pas de moi ou d'ego. Il est pur esprit, pure vie, pur rapport à soi, pur affect. Au-delà de l'ego, nous voyons que ce rapport est le cœur de toute vie. La méditation consiste à voir la pensée et à la conduire naturellement au silence, de manière qu'il ne subsiste que ce pur rapport à soi comme pur sentir ou pur éprouver. Le «sage» rejoint l'animal. Nietzsche parlait de «nouvelle animalité». L'homme doit en effet prendre la pensée à bras-le-corps, elle qui a construit la culture sous toutes ses formes, qui a défini et constitué l'humain, et saisir ce qui subsiste quand la pensée se résorbe ou se tait. Il subsiste le noyau ou le cœur, un peu de vie ou d'esprit à l'état pur.

18

La bulle humaine

L'être humain est enfermé dans sa bulle. Il l'a toujours été sans doute, mais cette bulle s'est aujourd'hui sophistiquée. Elle prend les allures de la haute technologie. Alors que l'homme du passé était plongé dans la nuit et entrait naturellement en contact avec le ciel étoilé, l'homme d'aujourd'hui est hypnotisé et aveuglé par ses propres lumières, celles des réverbères et des gratte-ciel, celle des divers écrans sur lesquels ses yeux sont rivés. L'homme crée un monde à sa mesure, fait sur mesure, fait selon *la mesure* — selon le mesurable, le calculable, le quantifiable. C'est le règne des machines de toutes sortes, le règne des objets, le règne des médias, le règne des images. Nous savons que la sphère économique est devenue dans le monde moderne la sphère déterminante. Or dans cette sphère, tout se calcule : avatar moderne et populaire du règne de la pensée comme règne de la mesure et de la comparaison. Les nouvelles images — numériques ou digitales ou de synthèse — sont elles-mêmes le produit d'un calcul. Elles participent à cette réalité publique et médiatique où tout se vend et s'achète, où tout s'évalue finalement à l'aune de l'argent. Plus d'argent ou moins, voilà ce qui définit la hiérarchie moderne ou démocratique, à savoir la hiérarchie du régime politique où tous sont égaux, où les seules différences qui comptent sont celles de l'argent. C'est le triomphe de la publicité et du marketing. Les publicistes sont les nouveaux penseurs, les nouveaux maîtres du concept, les nouveaux concepteurs. La publicité a tout envahi, non seulement l'espace des médias, qui semble avoir été aménagé pour elle, mais encore tout l'espace public. Partout, on cherche à vendre un objet, une marque, un désir, une image, un plaisir. Si cela se vend, cela est bon. Telle est la nouvelle morale, au-delà de toutes celles qui s'affichent et qui demeurent bien théoriques en regard de celle qui se pratique. Tout est donc devenu faux. C'est le règne du divertissement, de la superficialité, de la médiocrité — nouvelle sainte trinité d'une religion démocratique et matérialiste — alors même que l'on parle d'exigence et d'excellence. Chacun cherche à « se vendre » — manière contemporaine d'être aimé —, à commencer par les politiciens qui, eux aussi, doivent venir faire leur tour de piste dans le cirque médiatique. L'on tient constamment un double discours, celui que l'on proclame haut et fort, correspondant aux grandes vertus et valeurs, et celui que l'on ne prononce pas, que l'on met silencieusement en pratique, celui qui proclame tout bas le règne de la force et de l'argent. L'individu ou le groupe qui finit par triompher n'est pas le meilleur, mais le plus habile, le plus retors, le plus riche, le plus fort, celui qui détient la force du nombre, de l'argent et des armes. Derrière les beaux discours, derrière les arguments et les raisonnements, derrière les professions de foi, ce qui joue et ce qui est déterminant, ce sont les rapports de forces. La scène publique et politique n'a-t-elle pas été profondément corrompue par l'évolution technologique de la pensée, par l'extrême sophistication de celle-ci, par les immenses moyens qu'elle s'est donnés pour maîtriser, contrôler et manipuler? Quelque chose de grand et d'authentique peut-il se produire dans l'ordre politique ou celui-ci n'est-il pas profondément machia-vélique? D'ailleurs, Machiavel n'est-il pas le maître à penser de tous les pouvoirs? Ne sommes-nous pas nous aussi forcés d'être réalistes et lucides et de voir la situation collective — telle qu'elle se manifeste notamment à travers les médias de toutes sortes — telle qu'elle est, à savoir profon-dément dominée par l'argent et par les rapports de forces? Sans doute en a-t-il toujours été ainsi, mais cela a pris des proportions beaucoup plus visibles avec précisément le règne des médias. Le divertissement tous azimuts, la superficialité satisfaite d'elle-même, la médiocrité criante envahissent tous les lieux de la vie collective et privée. Tout est mis en place pour encourager l'inattention — le zapping, la publicité qui ne cesse de solliciter et de provoquer, les images qui défilent à toute vitesse et se télescopent, la multiplicité des sources audiovisuelles d'excitation. Tout cela est incomparablement plus efficace que les écoles et que les discours de circonstance. Tout cela mène le monde, même si c'est à la catastrophe.

Nous avons parlé de la superficialité caractérisant notre société. En fait, la superficialité caractérise toute société et, par le fait même, l'ensemble des individus qui la constituent. Peut-être est-elle devenue plus criante et plus exhibée à l'âge démocratique et médiatique. De manière générale, nous n'allons pas au fond des choses. Nous ne nous connaissons pas nous-mêmes en profondeur. Nous nous contentons d'explorer la surface de notre être. Le divertissement facile nous a rendus paresseux. Nous ne questionnons pas la nature et la structure même de la pensée. Nous ne voyons pas ce qui est en train de se passer. Nous sommes plutôt prisonniers, ne saisissant pas les conditions de possibilité. C'est pour toutes ces raisons que nous sommes superficiels et que notre société l'est donc, elle aussi, dans ses manifestations publiques, collectives ou médiatiques. La profondeur dont il est ici question ne concerne pas le savoir. Elle est plutôt une affaire de manière d'être, d'ouverture d'esprit, de disponibilité. Elle implique une grande simplicité et sobriété. Elle ne consiste pas à explorer des chemins plus complexes dans la pensée, mais à saisir la nature et la structure de celle-ci de manière qu'elle se calme naturellement. Le résultat est une pensée moins complexe, plus dépouillée. L'esprit compliqué, insatisfait, malheureux, névrotique est un esprit qui pense trop, un esprit emballé ou agité, un esprit qui désire et qui aspire, qui mesure et qui compare. Mais la vision de l'esprit tel qu'il est implique au contraire l'immobilité, le calme, le vide ou le silence. C'est dans un tel climat de calme ou de silence que l'amour peut apparaître, un amour gratuit, qui ne demande rien, qui n'aspire à rien, qui ne se conforme pas à un modèle, qui poursuit son propre chemin en le créant. C'est seulement dans la mesure où l'esprit est vu ou saisi qu'il se calme. Seul un esprit calme peut s'ouvrir. Seul un esprit ouvert peut aimer. Un esprit agité, pris dans ses désirs, ses attentes, ses fantasmes, ses frustrations est un esprit égocentrique qui ne peut connaître la qualité singulière de l'amour. Pour connaître cette qualité, l'esprit doit être calme, vide, ouvert. Il ne peut chercher à l'être, car la recherche produit au contraire le trouble, l'agitation, le conflit. Il doit donc le devenir naturellement, sans effort, sans le chercher. Il ne peut l'être qu'en comprenant son agitation. Comment la comprendre? Sûrement pas en luttant contre elle, car c'est précisément la lutte qui produit l'agitation. La pensée, en créant la distance ou en créant l'objet, produit le trouble et le conflit. La saisie de la nature et de la structure de la pensée implique donc l'absence de distance. L'agitation doit être saisie de très près, sans le mot, l'image, l'idée ou le symbole. Il n'y a pas une instance séparée pour percevoir l'agitation. *Il n'y a que* l'agitation. S'il n'y a que l'agitation, celle-ci se résorbe immédiatement, car il n'y a pas la distance pour la produire, l'entretenir ou la provoquer. Seulement dans un tel corps à corps y a-t-il perception. La perception n'est pas la pensée. Elle la court-circuite au contraire, introduisant dans l'esprit une tout autre qualité n'ayant rien à voir avec le désir, l'aspiration, la lutte, l'effort, la volonté de nommer, de dire, d'expliquer. Une telle volonté devient secondaire, elle se subordonne à quelque chose de plus puissant, de plus immédiat ou de plus vivant : l'acte de voir ou de percevoir. Un tel acte de percevoir est si subtil, si vivant qu'il échappe à la pensée et au discours. C'est quelque chose qui se fait en silence au fil de la vie, quelque chose qui passe complètement inaperçu, qui ne peut être ni connu ni reconnu. Échappant à la pensée et au discours qui mènent le monde, cet acte de percevoir ne peut être que laissé pour compte. Il fait partie des conditions de possibilité. Il n'est pas ce dont on parle, mais ce à partir de quoi l'on parle. Alors qu'il est l'essentiel, se trouvant au cœur ou au noyau, il est négligé. Si la pensée tourne autour de lui, elle n'en parle pas, ou si elle en parle, c'est en le transformant en une idée, un idéal, une image, donc en le ratant nécessairement. Cet échec fondamental explique que tout soit marqué au sceau de l'énigme, que l'incompréhensible ou l'inexplicable soit au cœur de toute explication ou compréhension. Si le moteur même n'est pas saisi, tout ce qui est mû demeure mystérieux et toutes les explications du monde ne font qu'en égratigner la surface sans jamais pouvoir révéler l'énigme. Remarquons que cette énigme est irréductible. Aucune pensée en effet ne peut saisir, comprendre ou expliquer l'acte de voir ou de percevoir.

Quelles que soient les conditions du monde, il faut créer. L'acte de créer se fait au diapason de la nature. Celle-ci se trouve au-delà du monde humain : ce dernier en fait partie. L'acte de créer se fait en dépit des mauvaises conditions. Il consiste justement à prendre le « mauvais » à bras-le-corps et à le transformer en « bon ». Créer n'est donc pas un acte de fuite. Bien au contraire, c'est la façon la plus forte, la plus vivante, la plus efficace de faire face à ce qui est. Quand quelqu'un fait face, il est forcé de créer. Car la réalité n'est pas toute faite, n'est pas achevée, n'est pas immobile, mais elle est en voie de transformation ou de création et sollicite de ce fait la création de l'individu qui y fait face. Faire face à la réalité est en effet en faire partie. Si la réalité crée, il faut créer nous aussi. Quoi que nous fassions, nous créons, même sur le mode de l'inertie ou de la résignation. Nous sommes emportés par un flux plus grand que nous, le flux même de la réalité ou de la nature, le flux même ou le processus sans commencement ni fin de la création — du cosmos. La création se fait à partir de l'observation intense de ce qui est. Elle est la meilleure réponse aux défis de la réalité. C'est uniquement par la création que la réalité avance. C'est par elle également que nous avançons. Nous n'avançons pas vers un but, car la mort est une fin, non un but. Mais nous avançons pour le plaisir d'avancer, parce que nous n'avons pas le choix, que nous sommes emportés à notre corps défendant dans le grand flux vivant et cosmique. Nous le pressentons, le plus vivant est le plus créateur. La vie est création. La plus haute noblesse de l'homme consiste à participer à ce mouvement mystérieux, qui ne s'explique pas, qui se constate, qui n'a pas de cause ou de raison, car il est à la source de toutes les causes et raisons. Créer est toujours une façon originale, inédite, nouvelle de résoudre un problème. C'est ce que la nature ne cesse de faire, sans qu'elle soit guidée par une intelligence de type humain, à savoir une intelligence spécialisée comme l'entendement ou l'intellect. La nature est plutôt tout entière intelligence, et c'est en se laissant guider lui aussi par l'intelligence du corps entier que l'être humain participe à cette création mystérieuse et inexplicable de la nature. L'intellect spécialisé résout des problèmes eux-mêmes spécialisés alors que l'intelligence du corps fait face aux problèmes vitaux ou existentiels, problèmes qui se posent à tous les humains, quels que soient leurs talents particuliers ou leurs domaines de spécialisation. L'intelligence du corps entier est directement branchée sur l'intelligence de la nature entière. Cette intelligence n'est pas anthropomorphique, elle ne fait qu'un avec l'énergie ou la puissance de la réalité ou de la nature. C'est dans la mesure où l'homme se dépouille de ce qui l'enferme en lui-même, en la bulle humaine, trop humaine, qu'il s'ouvre à cette intelligence créatrice ou cosmique, intelligence proprement sacrée ou divine, intelligence toujours neuve, toujours intacte, non obscurcie par le savoir, la croyance, le désir, la peur, l'attente ou la poursuite d'un but. Il s'agit là d'une intelligence ou d'une vie qui se contente d'être ou de voir.

19
Gourous

Aucune autorité, aucun maître, aucune théorie, aucune croyance, aucune conclusion ne peut nous aider quand il s'agit de voir la réalité telle qu'elle est et de résoudre les problèmes qui se posent en elle. Nous parlons ici de la réalité de la vie et non d'une réalité de nature technique. Dans la vie, nous devons voir par nous-mêmes. Personne ne peut nous donner cette vision. Au contraire, toute aide ne peut que nous empêcher d'avoir cette vision, car l'aide prend forcément le chemin de la pensée, et la vision, quant à elle, se trouve en deçà ou au-delà de la pensée. Il faut voir que la pensée ne peut nous aider à voir. Non seulement elle ne le peut pas, mais c'est précisément elle qui nous empêche de voir ou qui nous aveugle. Tant que nous sommes dans le domaine de la pensée, nous demeurons confus, emportés d'un côté et de l'autre, pris dans un fragment et un autre. Tant que nous nous situons à l'intérieur des limites de la pensée, nous avons des œillères, des perspectives ou des points de vue qui nous empêchent de voir en toute liberté et qui nous empêchent de voir d'abord la pensée elle-même, sa nature et sa structure. Nous sommes alors condamnés à nous déplacer en elle sans pouvoir trouver une issue. L'issue survient quand nous voyons d'abord la pensée à l'œuvre, quand nous pouvons demeurer immobiles face à elle. Cela n'est pas facile, car la pensée ne cesse de bouger, elle est fébrile ou agitée, hypersensible, ne cessant de réagir au présent ou à l'événement à partir du passé ou de la mémoire, ayant toujours une réponse toute faite, se basant sur des conclusions tirées de l'expérience passée, tentant de se protéger ou de protéger des images, des symboles ou des formules. La pensée ne reste pas en place et il n'est pas facile de demeurer immobile devant ce mouvement incessant. Et pourtant, c'est la seule façon d'aller au-delà de ce mouvement. Il n'est donc possible d'aller au-delà que dès le point de départ, dès la perception même du mouvement. La pensée, quant à elle, qui est le temps comme réalité psychologique, n'envisage l'immobilité — ou le calme, ou le silence — que plus tard, qu'au bout d'un mouvement, que comme un résultat ou un produit. Mais il ne s'agit alors que de l'idée ou de l'image de l'immobilité. La pensée cherche à devenir ce qu'elle n'est pas, mesure ce qu'elle est à ce qu'elle devrait être et demeure prise en elle-même. Nous sommes nous-mêmes pris dans ce mouvement. Nous sommes la pensée, la pensée est nous. Nous ne pouvons donc rien faire pour aller à l'encontre d'un mouvement de la pensée. Nous ne pouvons lutter contre elle. S'il y a lutte, c'est encore la pensée qui lutte contre elle-même en un conflit stérile et sans fin. C'est l'ensemble du mouvement qu'il s'agit donc de percevoir. S'il y a un motif à cette perception, un but, une aspiration, c'est encore la pensée qui agit ou réagit. C'est seulement quand il y a perception complète de l'ensemble du mouvement, sans motif ou sans visée, qu'il y a calme ou immobilité. La perception ne se fait pas du point de vue d'un jugement, d'une évaluation, d'une condamnation, d'une justification, d'une rationalisation, d'une interprétation, d'une compréhension ou d'une explication — car ce serait alors encore une action ou une réaction de la pensée. Il y a de la tendresse, de l'affection, de l'amour, de la gratuité, de la passion dans une telle perception. Sans amour, on ne peut voir ou percevoir. Pour aller en profondeur, il faut de l'affection. Pour se connaître ou s'observer, il faut beaucoup d'affection et de tendresse. S'il y a lutte contre ce qui est observé, cette lutte se fait du point de vue d'un observateur séparé. C'est encore la pensée qui est à l'œuvre. S'il n'y a que l'observation sans division, cette observation est amour ou affection. Cette observation est gratuite comme l'amour. Rien ne nous y oblige. Elle se fait ou ne se fait pas. Elle va et vient. C'est à n'importe quel instant qu'elle peut se faire. Elle n'a pas besoin de conditions ou de préalables. Cette observation ou cette perception directe, personne ne peut nous la donner, aucun mode d'emploi, aucune technique, aucune méthode ne peut nous y conduire. Elle doit se faire d'emblée, d'elle-même, à partir de l'intelligence immanente même. Sur ce terrain, tous les chemins sont piégés. Le seul chemin est celui de la perception ou de l'observation même. Il faut d'abord voir. C'est le point de départ nécessaire et suffisant, car le point de départ est aussi le point d'arrivée. Il n'y a rien d'autre à faire que voir. Voir ne conduit nulle part, ne vise aucun but, n'aspire à aucune réalisation, à aucun accomplissement. Voir est le but, l'accomplissement.

Par conséquent, méfions-nous de tous ceux qui prétendent avoir trouvé, qui s'érigent en maîtres ou en gourous, qui nous prodiguent des conseils. Ne sont-ils pas en train de nous tromper? Ne sont-ils pas en train de se tromper eux-mêmes? La vérité peut-elle se mettre dans une formule? Y a-t-il une vérité? Tout n'est-il pas au contraire changeant? De quelle position immobile nous parle le gourou? De la position de certaines formules, de certaines conclusions. Or celles-ci sont fausses, nécessairement fausses, puisqu'elles prétendent arrêter un mouvement vivant toujours changeant. Pour voir par nous-mêmes, il nous faut être radicalement sceptiques, ne croire personne sur parole, plus encore, ne pas croire en nos propres formules et conclusions, demeurer plutôt à l'écoute de la vie toujours changeante, toujours surprenante, déjouant sans cesse nos formules et nos conclusions. C'est à l'écoute de ce mouvement vivant qu'il nous faut être, lui seul correspond à ce qui est effectivement, alors que les formules et les conclusions ne se rapportent qu'à des idées, à des images, à des idéaux, à des modèles. Formules et conclusions sont verbales, intellectuelles alors que la vision est vivante, elle implique le corps entier, elle est factuelle, concrète ou incarnée, elle est profondément enracinée dans la réalité telle qu'elle est. Les formules et les conclusions ont quelque chose d'idéaliste, elles renvoient à la réalité telle qu'elle devrait être, réalité idéale, intellectuelle ou intelligible, qui n'existe pas en fait, qui est réfutée en fait par ce qui est. La vision ne se rapporte qu'à ce qui est. Les théories, les croyances, les prétendus maîtres ou gourous ne peuvent que nuire à la vision. Ils ne peuvent que s'interposer avec leurs formules et leurs conclusions. Or, pour voir, il faut être radicalement seul. Il faut n'accorder de crédit qu'à ce que nous voyons par nous-mêmes. Ce qui est vu par quelqu'un d'autre peut être un mensonge, une illusion. Nous ne le savons pas, à moins de le vérifier ou de le voir par nous-mêmes. Nous nous en remettons trop facilement à une autorité extérieure. C'est une vieille tradition de servilité ou d'esclavage qui se fait ainsi sentir. De plus, nous sommes paresseux. Nous préférons nous en remettre à des formules ou à des conclusions plutôt qu'à notre vision, car cela est plus facile, nous n'avons pas à faire le travail nous-mêmes, nous préférons que quelqu'un le fasse à notre place, même si cela se retourne contre nous et met en nous l'obscurité et la confusion. Nous préférons demeurer dans la position du consommateur ou du spectateur plutôt que d'être l'auteur et l'acteur de notre vie. Mais cette position se retourne contre nous, car la vision d'un autre, telle qu'elle nous est transmise par une formule, une description ou une conclusion, demeure incertaine, l'objet d'un doute perpétuel. L'autre nous trompe-t-il? Se trompe-t-il lui-même? Ou est-ce le langage — le fait même de mettre en mots — qui trompe nécessairement, la vision vivante même ne pouvant être transmise, seul un double, une représentation, une image, une description de celle-ci pouvant l'être? Si nous nous fions à la vision d'un autre, nous demeurons à la remorque de mots, d'images, de descriptions. Nous introduisons la confusion et le conflit, car nous comparons la vie ou ce qui est à l'idée ou à la description. Notre vision n'est pas libre, mais tente de s'ajuster à la description ou à l'idée. Il y a continuel conflit entre les deux. C'est la pensée qui tente de voir en visant un but, par exemple la sagesse, la sérénité ou le bonheur. La vision est inspirée par le désir ou l'avidité. Loin que l'esprit jouisse d'une solitude radicale, il cherche à se conformer à un idéal ou à un modèle. Il demeure prisonnier de la mesure et de la comparaison. C'est toujours la pensée qui est à l'œuvre. Or c'est précisément tout le mouvement de la pensée qu'il s'agit de voir, avec lequel il s'agit de faire corps. Toute volonté, tout désir ou toute tentative d'intervenir, d'ajuster, de corriger fait partie du mouvement. La vision doit s'exercer à l'endroit du mouvement même de la pensée, tel qu'il a cours d'ores et déjà, tel qu'il ne fait qu'un avec l'ego ou avec ce que nous sommes. C'est cela qu'il s'agit de voir sans mouvement, si nous voulons vraiment nous connaître ou nous observer tels que nous sommes. Nous observer tels que nous sommes, cela suffit complètement. Car qu'arrive-t-il quand nous voyons le mouvement de la pensée? Celui-ci ne change-t-il pas de qualité, n'en est-il pas profondément modifié? Tout ce qui est effort, désir de conformisme, aspiration à un but, conflit, confusion, comparaison ne cesse-t-il pas? Ce n'est pas ce qui est à venir qui importe alors, mais ce qui est.

20

Les philosophes et la sagesse

Le sage apparaît comme un modèle, un idéal, dont le philosophe, *amoureux de la sagesse*, chercherait à se rapprocher. Mais si le philosophe poursuit la sagesse — certains, parmi les plus intellectualistes, identifient sagesse et savoir — comme un modèle ou un idéal, cela indique combien la philosophie a de manière générale partie liée avec l'idéalisme. L'un des premiers et plus grands philosophes, Platon, n'est-il pas le champion de l'idéalisme, n'est-il pas lui-même une sorte d'idéal dans la vitrine des grands penseurs, attirant beaucoup de consommateurs de la pensée, voire de simples badauds ? Puisque la philosophie fait de la pensée une spécialité — qu'est-ce que le *logos* ? *qu'appelle-t-on penser* ? « nous ne pensons pas encore », est-il « possible de penser autrement » ? —, puisque sa fonction a à voir avec le maniement et la manipulation des idées, elle se rapporte aussi aux idéaux, idées et idéaux étant de même nature. L'idée n'est pas le réel, mais elle se propose comme un modèle, un type ou un archétype à l'aune duquel mesurer ou évaluer le réel. L'idée joue sur le plan de la connaissance le même rôle que l'idéal sur le plan de l'éthique ou de la morale. C'est un fait que les philosophes ont un penchant pour l'idéalisme. L'idéalisme est le domaine où ils se sentent le plus à l'aise, où ils peuvent déployer toute la puissance de la pensée, de l'idée, de la dialectique, de l'analyse, de l'interprétation, du raisonnement et de l'argumentation. Comme les philosophes sont les maîtres de l'idée, en mettant ainsi l'idée à l'avant-plan, c'est eux-mêmes qu'ils poussent sur les devants de la scène. Malheureusement cependant, d'autres spécialistes de l'idée leur font concurrence, notamment le savant et le religieux. Par ailleurs, si l'idéalisme demeure une tendance forte en philosophie —

accompagnée de l'intellectualisme, du rationalisme, du spiritualisme —,
d'autres tendances s'y font jour. Il suffit par exemple de nommer
quelqu'un comme Nietzsche pour arracher la philosophie à l'idéalisme.
L'amour de la sagesse peut se comprendre comme une entreprise de
connaissance ou d'observation de soi visant simplement à voir la réalité
telle qu'elle est, sans idée, sans idéal, sans modèle, sans conclusion, sans
autorité. Ce n'est pas la sagesse qui importe alors — sagesse qui n'est
qu'un mot, qu'une idée, qu'une image, qu'un fantasme —, mais l'amour.
L'amour accompagne l'observation de soi. Elle est la puissance pulvé-
risatrice de tout idéal, de tout modèle, de toute conclusion. Elle est une
force de vie pulvérisant tout ce qui est mort, tout ce qui vient du passé,
comme l'idée, platonicienne ou non, l'idéal, le modèle, l'image, la
conclusion. L'amour est vivant, uniquement et complètement vivant. Il
agit au présent, dans le réel. Il n'a pas besoin d'être guidé par un idéal, il
est sa propre lumière, son propre guide. Il suffit d'aimer. *Aime d'abord.*
C'est l'amour qui agit, éclairé par lui-même. Il ne poursuit rien — toute
poursuite étant égoïste ou égocentrique —, mais il donne, éclaire,
rayonne. Le philosophe, tel que nous l'entendons, se relie davantage à la
sagesse de l'amour qu'à l'amour de la sagesse.

21

Pensée collective et pensée individuelle

D ans la dimension sociale ou collective prédominent les images et les clichés. C'est le règne du discours et de la pensée. Tout y est répertorié en grandes catégories. C'est la façon qu'a la pensée d'y voir clair, d'établir un ordre dans lequel elle puisse se reconnaître. Quelle est la valeur de cet ordre? Quel est son lien avec la réalité? Voilà des questions qui préoccupent beaucoup moins la pensée, car ce genre d'interrogations l'amènent à se remettre en question. Or la pensée ne peut se remettre en question dans la dimension sociale ou collective, elle ne le peut que dans la dimension individuelle où se pratique la connaissance ou l'observation de soi. La pensée établit un ordre d'un point de vue extérieur ou prétendument objectif. Elle distingue par exemple les Français, les Américains, les Chinois, les Canadiens. Ces catégories correspondent à des caractéristiques évidentes. Est-ce à dire que cela a un sens pour quelqu'un de se définir comme Français, Américain, Chinois, Canadien…? Pourquoi en effet l'individu s'identifierait-il à un ensemble national de caractéristiques? Du point de vue de l'intériorité, ces caractéristiques ne sont-elles pas des images? Elles peuvent avoir un sens objectif, matériel, physique, mais pourquoi l'esprit établirait-il une identification avec elles? Une telle question ne peut se poser que du point de vue de l'intériorité ou de l'esprit. Elle n'a pas de sens d'un point de vue extérieur, social ou collectif. Il y a donc une disharmonie entre la sphère individuelle et la sphère collective. Cette disharmonie est responsable d'un dialogue de sourds entre les deux sphères. Ceux dont la part collective de l'âme est prédominante ne peuvent véritablement comprendre ceux chez qui domine la part individuelle. Les malentendus abondent. N'est-ce pas eux qui président à la destinée du Christ? Celui-ci s'adresse à la part individuelle de l'âme, mais ceux chez qui domine plutôt la part collective ne peuvent manquer de lui prêter des intentions ou des visées politiques. N'est-ce pas au nom de ce malentendu, parce que l'on craint de sa part une révolution dans les institutions, à commencer par la vieille institution cléricale régnante, qu'on le met à mort? Le Christ-roi, le Christ-juge, le Christ-général d'armée ou le Christ-seigneur, n'est-ce pas là une contradiction dans les termes? Le Christ ne s'occupait pas ou très peu de la dimension politique ou collective: «Rendez à César ce qui est à César.» Mais comme c'est l'aspect qui domine chez la plupart, on ne pouvait comprendre le fond de son message. Il parlait d'une véritable révolution intérieure — la révolution de l'amour, de la douceur et de la paix — et l'on craignait de sa part une révolution extérieure, sociale et politique. Il parlait d'un état du cœur et l'on a compris qu'il nous entretenait d'un autre royaume, celui de son Père, royaume céleste avant de devenir terrestre, qui finirait, à l'aide d'armées d'anges conduites par le seigneur-Christ en personne, par triompher des royaumes sataniques d'ici-bas. Le même malentendu a eu cours, *mutatis mutandis*, à l'endroit du Bouddha. Si l'âme individuelle comprend ou saisit l'âme collective, la réciproque n'est pas vraie, tant l'âme collective est enfermée dans ses évidences et ses certitudes. Le point de vue de l'extériorité est celui de la pensée. Nous y avons d'emblée accès, c'est ce point de vue qui règne d'emblée. Quant au point de vue de l'intériorité, il doit se conquérir grâce à une remise en question du point de vue régnant. Une telle remise en question n'est pas facile, elle passe nécessairement par la connaissance ou l'observation de soi, ce que peu de personnes pratiquent, tant elles sont prises dans les réactions, les pulsions, les impulsions et les illusions de la pensée. Une telle remise en question implique une vraie rupture avec les évidences et les certitudes de la sphère collective. L'incompréhension, le malentendu, le refus ou le rejet, comme ce fut le cas pour le Christ et le Bouddha, sont le prix à payer. Peu de personnes en effet pratiquent l'observation de soi. La plupart sont emportées dans le courant commun. Celui qui remet en question les évidences et les certitudes collectives n'est jamais le bienvenu. Il doit pour ainsi dire s'imposer envers et contre tout, s'adressant directement à la part individuelle de l'âme, même si celle-ci est écrasée ou étouffée par la part collective. Dans la sphère collective, chacun doit être quelqu'un, c'est-à-dire s'identifier à des images, alors que l'observation de soi consiste à briser avec les images. Dans la sphère collective, chacun cherche à être fort afin d'être remarqué et admiré, alors que l'observation de soi conduit chacun au rien ou au vide central, grâce auquel se fait la communion avec le monde ou la réalité. Pour avoir accès à ce vide ou à ce rien, il faut saisir le néant de ce que nous sommes ou de ce que nous prétendons être, saisir l'illusion constitutive de l'identification aux images. Celui qui se connaît ne cherche pas à paraître et à dominer. Il se retire au contraire pour laisser être la réalité dans toute sa splendeur et sa terreur. Alors que, dans la sphère collective, il faut chercher à vendre son image et, pour cela, à la confectionner sur mesure, selon les besoins, les désirs et les attentes, dans la sphère individuelle, qui est celle de l'observation de soi, l'image est amenée à s'effacer pour laisser place à un vide énigmatique. Ce vide prend l'apparence de celui qui n'est rien, qui est laissé pour compte, du plus petit d'entre les humains, le pauvre, l'idiot, celui qui passe inaperçu, l'être humain sans qualités ou sans particularités.

À l'échelle collective ou sociale, tout passe par l'extériorité, au premier chef celle des lois définissant le permis et le défendu, le bon et le mauvais, voire dans une certaine mesure le beau et le laid, le vrai et le faux. Les lois proposent des modèles implicites ou explicites. Elles indiquent ce qui doit être. Mais à l'échelle individuelle, du moins pour celui qui observe, il n'y a pas ce qui doit être, il n'y a que ce qui est. Les lois, l'obéissance aux lois, la transgression des lois, l'écart entre les lois et le réel — tout cela fait partie de ce qui est. Certes, la dimension collective envahit la dimension individuelle. Ce n'est pas librement qu'un individu s'observe, mais il en est plutôt empêché par les modèles engendrés par les lois. Cependant, c'est précisément tout le jeu de l'idéal, de la mesure et de la comparaison, tout le conflit entre ce qui est et ce qui devrait être qu'il s'agit d'observer. C'est l'acte même d'observer qui importe. Aucun humain n'est parfait, c'est-à-dire ne correspond à tel ou tel modèle encensé. Chaque humain a ses défauts, ses manques et ses excès, ses traits de caractère, il ne peut avoir toutes les réponses aux défis qui se posent à lui, il ne peut savoir d'avance comment réagir à des événements nouveaux, il tâtonne, fait des essais et des erreurs, est parfois injuste, souvent égoïste, etc. C'est tout cela qu'il s'agit de voir, c'est à tout cela qu'il s'agit d'être présent. Si nous avons un modèle, nous tentons de nous conformer à lui. Mais une telle tentative échoue nécessairement. La réalité ne se plie à aucun modèle. Il en résulte donc un conflit entre ce qui est et ce qui devrait être, ce que nous sommes et ce que nous voudrions être. Si nous poursuivons un modèle, nous faisons un effort en sa direction, nous sommes en porte-à-faux à l'endroit de ce qui est, nous le refoulons, lui résistons, luttons contre lui. Nous ne cessons de nous comparer. Nous sommes dédoublés. Il y a conflit et souffrance. En observant cela de très près, une autre qualité de présence ou d'existence se fait jour. Nous vivons précisément avec ce qui est au lieu de le fuir, d'aspirer à un modèle ou à un idéal. Le conflit cesse donc et avec lui la souffrance qu'il engendre nécessairement. L'énergie dépensée stérilement à tenter de parvenir, de réaliser, de devenir, d'être et par conséquent de résister, de lutter, peut se déployer autrement, gratuitement, librement. Ce n'est pas que nous devenons satisfaits de ce que nous sommes, que nous «acceptons» nos défauts, nos lacunes, nos imperfections, comme on l'entend souvent. En fait, nous n'acceptons ni ne refusons rien. Nous explorons plutôt, sans savoir où l'exploration nous conduit, donc sans tirer d'avance de conclusions. Nous nous laissons porter par l'exploration ou l'observation même. Celle-ci peut produire quelque chose à quoi nous ne nous attendons pas, que nous ne pouvons pas prévoir, qui échappe à la dimension de l'explication et de la description. Nous ne savons pas, donc nous explorons. La pensée se calme ou se tait, cessant de tirer ses conclusions à partir de l'expérience passée, cessant de prédire et de réaliser ses prédictions. Il y a abandon à ce qui est, au mouvement vivant de ce qui est. L'exploration permet non pas de connaître, mais de toucher l'imprévisible, l'inespéré, l'inconnu.

22

Nous sommes la pensée

Nous vivons dans l'ordre de la pensée. Celle-ci domine le monde. On n'imagine même pas qu'il puisse exister autre chose, car l'imagination, elle aussi, fait partie de la pensée. Ce que nous avons de plus intime, de plus propre, le moi, est constitué par la pensée. Nos connaissances et nos croyances en sont également des produits. Si on élimine la pensée, que reste-t-il ? Une réalité qui ressemble à la mort. Et même là, c'est trop dire, car *dire* la mort, c'est forcément en avoir une idée, s'en faire une image, par conséquent l'intégrer plus ou moins dans l'ordre de la pensée. Nous sommes la pensée. Comme celle-ci ne cesse de bouger, nous ne cessons de bouger. La pensée est utile, mais elle est souvent nuisible. Observons-la, puisque nous ne pouvons rien contre elle, puisque nous sommes constitués par elle. Est-ce alors encore la pensée qui observe ? Ne répondons ni par oui ni par non, car une telle réponse ne peut qu'émaner de la pensée. Contentons-nous donc d'observer, seule façon pour nous de découvrir ce qui en est — si une telle découverte est possible, qui ne prenne pas les chemins de la pensée, qui ne s'exprime pas par une connaissance, une croyance, une opinion, une idée ou une image. Est-ce toujours la pensée qui observe ? Mais comment la pensée observe-t-elle ? En établissant une distance ou une division, dans laquelle s'insère le jugement, l'évaluation, la comparaison, la tension ou le conflit. Est-ce ainsi que nous observons, ou l'observation se fait-elle sans mouvement — sans jugement, sans évaluation, sans comparaison, sans tension ou sans conflit ? Et s'il y a jugement, évaluation, comparaison, tension ou conflit, que faire ? Justement ne rien faire, ne pas juger le jugement, ne pas entrer en conflit avec le conflit, seulement l'observer. Pourquoi l'observer ? Parce que nous nous rendons compte que tout mouvement à son endroit le déforme ou le prolonge dans son état de conflit et de confusion. Tout ce que nous faisons contre la pensée en fait encore partie et prolonge le conflit inhérent à son mouvement. Comment observer la pensée si nous ne cessons d'intervenir à son endroit par le jugement ou la comparaison? Pour observer vraiment, ne devons-nous pas être immobiles? Pour écouter vraiment, ne devons-nous pas être silencieux? Si nous avons des idées ou des images, comment toucher ce qui est autre ou inconnu? Cet autre ou cet inconnu, nous n'en avons précisément aucune idée, aucune image — ou l'image ou l'idée que nous en avons n'est ni l'autre ni l'inconnu. L'autre ou l'inconnu n'est pas «quelque chose», comme l'est un mot, une idée, une image, un objet ou un être. Il s'agit plutôt de «rien» — pour renverser la grande question ou formule métaphysique de Leibniz. Ne spéculons donc pas sur l'autre, l'inconnu ou le rien, car ce n'est encore que le jeu ou le mouvement de la pensée. Contentons-nous simplement d'observer celui-ci dans tous ses méandres, ses tours et ses détours. Demeurons immobiles devant le mouvement de la pensée, silencieux devant sa parole, son monologue ou son dialogue. Ne monologuons pas ou ne dialoguons pas avec le monologue ou le dialogue de la pensée. Laissons-le résonner. Laissons-le être. Il nous révèle à nous-mêmes. Il est nous. Quant à l'observation même, elle n'est pas quelque chose de plus, tel un nouvel objet qui s'ajouterait à la pensée, elle est autre, inconnue, inobjectivable. Tout ce qui s'ajoute, tout ce qui continue, tout ce qui se superpose ou s'entrelace, tout ce qui raisonne, analyse ou réfléchit procède de la pensée et perpétue son mouvement. Nous ne luttons pas contre la pensée, nous ne la critiquons pas, nous ne la dévalorisons pas, nous l'observons simplement telle qu'elle est ou telle qu'elle se manifeste.

23
Le rêve d'une ombre

La vie ou la réalité est un spectacle dont la pensée est le voyeur. Le voyeurisme comme perversion particulière n'est qu'un prolongement ou un développement de ce trait ontologique de la pensée. Cette dernière n'est pas complètement incarnée, à savoir vivante, d'où sa croyance en une survie après la mort du corps. Ce qu'elle prend pour une marque de supériorité est en réalité un défaut, un manque ou une illusion constitutive de la division qu'elle opère du seul fait d'être ou de fonctionner. En se désincarnant ou en prenant ses distances, la pensée se protège ou fuit le danger, mais, en même temps, elle est incapable d'y faire face. Calderon et Shakespeare, entre autres, l'ont bien vu, nous vivons dans une sorte de rêve éveillé, nous sommes faits de la même étoffe que nos songes, il n'y a pas de différence de nature entre le rêve et la réalité. C'est ce qui explique notamment le sentiment d'irréalité que nous éprouvons face à tout événement passé, que celui-ci soit lointain ou proche, ou qu'il vienne tout juste d'avoir lieu. Certes, ce sentiment d'irréalité peut être tragique quand des choses terribles que nous avons vécues nous apparaissent pourtant presque imaginaires, presque fictives. Mais ce sentiment existe à l'endroit de tous les événements de la vie, y compris les plus agréables et les plus anodins. La mémoire ne peut que transformer le réel passé en une espèce de fiction. Ce que la mémoire retient ou rapporte n'est pas ce qui a réellement eu lieu, qui échappe irréductiblement. Le réel n'est pas de la nature du temps. Ou encore, pour nous exprimer dans un langage plus familier, il n'a été effectivement réel qu'au moment même où il a été vécu, et une fois que la mémoire s'en empare, ce réel fait faux bond, il est irrémédiablement perdu, il n'en subsiste qu'un double, qu'une image, qu'une description plus ou moins fidèle, qu'un souvenir. Le réel ne peut être saisi que dans le présent vivant et il ne peut l'être que par le corps entier. Encore une fois, c'est la nature et la structure de la pensée qui sont ici en jeu. La mémoire fait partie de la pensée. Le réel en tant que tel ne peut qu'échapper, puisqu'il est perçu par la pensée à distance.

C'est précisément cette distance — ce délai ou ce décalage — qui produit le sentiment d'irréalité. Chaque fois que la pensée est à l'œuvre, domine ce sentiment d'irréalité. La vie ou le réel ne peut que se dérober à la pensée. Dans la mesure où celle-ci est le moi, le réel ou la vie échappe au moi. Celui-ci se sent séparé, intérieurement divisé, à part, à côté, en porte-à-faux, ni au présent, ni au passé, ni au futur, ni ici, ni ailleurs, à aucun moment et nulle part complètement, si ce n'est au moment et à l'endroit où la pensée se tait. Mais un tel silence est insaisissable, il échappe au temps et à l'espace, au moment et au lieu, il est de la nature du vide ou du rien. Très vite cependant, la pensée reprend les rênes et intègre la perception silencieuse — «lieu» et «moment» de la vie ou du réel — pour en faire une idée, une image, un souvenir, créant automatiquement la distance, la séparation ou la division, engendrant de ce fait le sentiment d'irréalité si fort au cœur de l'homme. Tant que la pensée est de la partie, domine le sentiment d'irréalité, avec l'angoisse, le mal-être ou la souffrance qui l'accompagne, souffrance de sentir que la vie ou le réel nous échappe, que nous sommes dans une espèce de songe éveillé, que nous tendons les mains vers le réel, mais que celui-ci se dérobe à notre prise, reculant quand nous avançons, avançant quand nous reculons, dans une valse-hésitation qui nous fait remettre en question non seulement les frontières entre la réalité et le rêve, mais également celles entre la santé et la folie, plus encore entre la vie et la mort. Tout cela est l'œuvre de la pensée. Il n'y a aucune faute, aucune responsabilité personnelle impliquée là-dedans. Il s'agit là d'un mécanisme infiniment plus fort que nous, puisque le «nous» est lui-même un produit de ce mécanisme. Le «nous» fait lui-même partie du songe éveillé, à la fois réel et irréel, effectif et illusoire. La pensée ne peut toucher, embrasser le réel. Elle doit d'abord le transformer en quelque chose de même nature qu'elle : l'idée, l'image, le mot, la description, l'explication, l'interprétation. Le réel lui échappe. Cette pensée prend plusieurs figures : mémoire, imagination, intellect, raison. Tout ce qui est de l'ordre de la pensée est de la nature du songe : idées, images, mots, désirs, émotions. D'où la sensation très pénible qu'éprouve l'être humain de n'être pas incarné, de ne pas être dans la réalité, de ne pas être lui-même réel, d'être plutôt le rêve d'une ombre, comme l'écrit Pindare.

24

Le réductionnisme

L'un des traits dominants de la pensée consiste à accorder trop d'importance à un type d'explication au détriment de tous les autres. Ce trait est à l'origine de tout réductionnisme. Il y a par exemple l'explication par la génétique, par la libido, par la petite enfance, par les facteurs historiques et sociologiques. Il y a l'explication de Freud, celle de Marx, celle de Bourdieu, celle de Girard, etc. Chacune a du sens, mais chacune est fausse si elle se prétend exclusive. Une explication valable n'en empêche pas une autre. Bien au contraire, dans la mesure précisément où elle est valable, elle en appelle une autre qui l'est tout autant. Beaucoup de problèmes ou de troubles d'ordre mental sont liés aujourd'hui à des facteurs biologiques ou neuronaux. Le traitement de ces troubles prend même souvent la voie exclusive de la médication. Tout l'aspect psycho-logique, lié aux événements de l'histoire personnelle, lié également à l'état de la société et de la culture, est souvent négligé ou laissé de côté. Il ne s'agit pas de nier l'aspect biologique, génétique, neuronal, mais il s'agit justement d'*un* aspect, et la réalité ne peut se réduire à un seul aspect, se composant au contraire d'un nombre indéfini d'aspects. Le réduction-nisme consiste à rabattre le tout sur une de ses parties. Puisque la pensée est en elle-même partielle ou fragmentaire et puisqu'elle domine le monde, elle ne peut manquer de monter en épingle le point de vue qu'elle adopte ou l'explication qu'elle donne, même s'il existe d'autres points de vue et d'autres explications. Mais ceux-ci seront assumés par d'autres fragments de la pensée, incarnés dans d'autres individus : telle est d'ailleurs la logique florissante de la spécialité ou de la spécialisation. Chaque spécialité voit le monde de son point de vue limité, ce qui ne l'empêche pas de prétendre donner une explication générale de ce monde. Mais comme elle n'est pas seule à caresser une telle prétention, comme cette prétention est la chose du monde la mieux partagée, il apparaît évident, pour celui ou celle qui observe, que l'explication impérialiste, prétendant à l'exclusivité ou à la totalité, doit en fait coexister avec d'autres explications, dussent-elles être tout aussi impérialistes et exclusives. Cela ressemble au Dieu unique juif devant coexister avec le Dieu unique musulman et le Dieu unique chrétien. L'explication donne une sensation de maîtrise, même si cette sensation est en grande partie illusoire, compte tenu des nombreuses facettes de la réalité qu'elle laisse forcément de côté. L'observation, quant à elle, n'est pas une affaire d'explication mais d'abandon au mystère foncier de ce qui est. Ce qui est s'observe, mais ne s'explique pas, ou ne s'explique que partiellement, que fragmentairement. Observer ne consiste pas davantage à expliquer qu'à surveiller. L'observation est contact intense, en elle-même mystérieuse ou inexplicable. Il y a de l'inexplicable. Non seulement le réel est inexplicable, mais d'abord le contact même avec le réel participe de cet inexplicable ou de cet inconnu. Ce n'est qu'au sein d'un tel contact qu'apparaît telle ou telle explication partielle. Chaque explication suppose d'abord le contact inexplicable. La pensée elle-même, dans sa complexité et sa subtilité, est inexplicable. Cela n'empêche aucunement l'observation. Au contraire, c'est souvent l'explication ou le point de vue de l'explication, à savoir le point de vue limité et conditionné de la pensée, qui empêche l'observation, c'est-à-dire l'ouverture ou l'abandon à l'inconnu ou au mystère de ce qui est. Dans l'explication se perpétue le mouvement de la pensée. Dans l'observation, une autre qualité de présence ou de mouvement se fait jour. Alors que l'explication donne une fausse sensation de maîtrise, qu'elle réduit la réalité à une image, à une formule ou à un point de vue, limitant de la sorte la passion ou l'énergie vitale, l'observation laisse être l'énergie dans toute son ampleur et sa profondeur, ne tentant pas d'endiguer le flux vital à l'intérieur des étroites balises de l'explication ou de la connaissance, laissant le flux ou la passion libre.

25

La paix de l'âme et la paix du monde

D ans le style de Thomas Bernhard, nous pourrions dire : les philosophes ne sont pas rationnels en dépit du désir du plus grand
nombre d'entre eux de l'être. Ils sont même les plus émotifs du monde et
c'est précisément parce qu'ils sont si émotifs qu'ils ont tant besoin d'être
rationnels, qu'ils cherchent tant à l'être, sans y parvenir bien sûr. A-t-on
besoin d'être si rationnel, si raisonnable quand les pulsions et les émotions
sont intégrées et font partie constitutive de l'être entier ? N'est-ce pas au
contraire quand les pulsions et les émotions prennent le dessus, menaçant
à tout instant de submerger l'être entier, qu'une instance extérieure ou
transcendante comme la raison doit s'ériger afin d'imposer un ordre strict
et rigoureux ? N'est-ce pas parce que le chaos ou l'anarchie gronde que la
loi doit se faire sévère et impitoyable ? Mais est-ce là une bonne façon
d'agir ? Ne sommes-nous pas pris plutôt dans un cercle vicieux ? Si la
répression, la surveillance et le contrôle augmentent, ce contre quoi ils
s'exercent ne se renforce-t-il pas secrètement, demandant une nouvelle
répression, une surveillance plus étroite et un contrôle plus sophistiqué,
en un cercle sans fin ? La raison qui s'affiche et s'exhibe n'exacerbe et
n'exaspère-t-elle pas les désirs, les pulsions et les émotions, loin de les
mater ou de les éradiquer ? Ce mouvement circulaire et vicieux se retrouve
à tous les niveaux. La répression augmente la force du chaos et de
l'anarchie. Cela est vrai à l'échelle collective comme à l'échelle individuelle. Comment peut-on sérieusement penser mettre fin au terrorisme
par la répression, alors que la répression alimente précisément le
terrorisme ? Cette alimentation se fait notamment, selon l'explication
nietzschéenne, par la production de ressentiment chez la victime de la

répression. L'agressivité de la victime, ne pouvant s'exercer à ciel ouvert et en plein jour, est forcée de rentrer, de se retirer, de se tapir dans l'ombre, créant et alimentant ainsi le ressentiment, qui n'est rien d'autre que de la haine refoulée, rentrée, rendue incapable de s'extérioriser. Un tel ressentiment donne naissance à l'esprit de vengeance, la vengeance étant de la haine et de l'agressivité différées. Et c'est l'explosion de vengeance qui constitue l'acte terroriste. Nietzsche précise : si l'accumulation de ressentiment n'arrive pas à s'extérioriser, elle se retourne contre son possesseur même dans un geste d'autodestruction. Le terrorisme kamikaze combine les deux, la vengeance et l'autodestruction, dans un geste qui s'avère ainsi le plus haineux, le plus destructeur possible. Par conséquent, il est dangereux de croire que la répression pure et simple du terrorisme peut en venir à bout. Il en est de même à l'échelle individuelle. Toute tentative d'un fragment de la pensée pour mater ou réprimer un autre fragment ne fait que l'alimenter et le renforcer. Il s'agit d'un cercle vicieux, d'une erreur ou d'une illusion, liés là encore à un manque d'observation, d'attention ou de vision. Il est essentiel d'observer pour sortir des pièges et des illusions dans lesquels nous sommes pris, autant à l'échelle collective qu'individuelle. La connaissance ou l'observation de soi est nécessaire, autant pour la paix du monde que pour la paix de l'âme. Les deux sortes de paix sont en contact ou en relation intime. Comment celui qui connaît une certaine paix produirait-il le trouble, la violence et la guerre à l'extérieur ? La guerre extérieure n'est-elle pas le produit d'individus troublés, en guerre intérieure sur le champ de bataille des idées, des images et des émotions ? Ne faut-il pas de manière radicale créer une paix solide sur le champ de bataille de l'esprit si nous voulons une paix également solide dans les champs, les forêts, les montagnes, les déserts, les eaux et les airs de la terre ? En ce sens, du point de vue de la survie même de l'espèce, la connaissance ou l'observation de soi n'est pas un luxe, mais une nécessité. L'humanité est une espèce menacée et des moyens de sauvegarde extrêmes ou radicaux doivent être mis en œuvre pour la sauver. De tels moyens cependant font appel à la participation des individus eux-mêmes, ils ne peuvent être pris en charge par les collectivités ou les États, ils ne consistent pas dans le déploiement d'une expertise extérieure, à coups d'argent et de haute technologie, ils impliquent un travail humble, modeste, terre à terre, invisible d'observation ou d'attention. Un tel travail, même s'il est négligé ou laissé de côté, est fondamental si un changement, qui en vaille la peine et la joie, doit se produire.

26

S'affecter de joie

D'un strict point de vue moral ou éthique, il est essentiel de s'affecter de joie afin d'éviter de créer la tristesse autour de soi. Mais comment y parvenir, une fois dit que la joie n'est pas volontaire, qu'il ne suffit pas de vouloir être joyeux pour l'être effectivement, que la joie ne dépend pas de moyens mis en branle pour l'obtenir ou la provoquer, qu'elle n'est pas quelque chose à quoi l'on croit, mais que l'on éprouve, qu'elle est plus forte ou plus puissante que nous, que nous ne pouvons donc la produire délibérément, qu'elle nous arrive plutôt, s'empare de nous et nous traverse, quitte à nous abandonner aussi rapidement qu'elle s'est emparée de nous? Nous pouvons nous rendre disponibles à la joie, nous ne pouvons la provoquer ou la créer; c'est plutôt elle qui nous provoque et nous crée. Nous nous préparons à la joie en résolvant les problèmes vitaux qui se posent, en saisissant le négatif et en l'éliminant, en voyant l'impasse et en la quittant. Ce que nous pouvons faire pour la joie, c'est lui déblayer le terrain, créer un espace vide ou libre où elle puisse apparaître. Nous avons des raisons d'éprouver du plaisir ou même d'être heureux, si toutefois ce dernier mot a un sens. Mais avons-nous des raisons d'être joyeux, ou la puissance de la joie ne consiste-t-elle pas, au contraire, à apparaître sans raison? La joie ne se manifeste-t-elle pas dans toute sa force ou sa gratuité quand les raisons cessent, quand les motifs disparaissent, quand les visées et les poursuites prennent fin? La joie n'est-elle pas la résonance du vide, l'éclat du rien? N'est-elle pas aussi sans raison que le fait d'être en vie, que l'existence de la nature? La joie n'est-elle pas étonnement, émerveillement, apparentée à la terreur et à l'horreur, n'a-t-elle pas quelque chose de paradoxalement tragique, s'il est vrai que la joie est plus grande et plus puissante que nous, qu'elle nous arrive bien plus que nous ne la produisons, que nous lui appartenons bien plus que nous ne la possédons, qu'elle ne s'explique pas, mais survient au contraire souvent en dépit de toutes les bonnes raisons d'être tristes ? La joie nous indique qu'au plus profond de nous, nous n'avons ni contrôle ni maîtrise, nous ne nous appartenons pas, nous sommes créés par une puissance à laquelle nous participons par toutes les fibres de notre être. La joie nous prend et nous transporte à l'égal de la plus grande souffrance. Nous sommes fils et filles de la nature, de l'univers, du cosmos. Nous sommes traversés, transportés par des forces venues d'ailleurs. Nous baignons dans le mystère. La force de vie, s'éprouvant au premier chef par l'affect de joie, ne s'explique pas. C'est plutôt d'elle que vient la pulsion d'expliquer. La joie est puissance créatrice ou est l'affect accompagnant la puissance créatrice. Par la joie, nous sommes reliés à quelque chose d'infiniment plus grand que nous. Nous naissons et nous mourons en participant à des événements qui nous englobent, qui nous constituent, loin que nous les comprenions, les contrôlions ou les maîtrisions. Naissance et mort sont les deux extrêmes ou les deux seuils qui nous relient au cosmos, le seuil par où nous entrons et le seuil pas où nous sortons. Entre les deux, nous sommes passage, chemin, cheminement. Constamment, même sans le savoir, même à notre corps défendant — bien que le corps soit toujours secrètement complice par toutes les fibres, tous les muscles, tous les nerfs —, nous sommes reliés à la puissance cosmique alors que nous avons souvent l'impression d'être enfermés dans notre bulle ou notre prison, dans le monde humain, trop humain. Nous oublions la naissance et la mort. Nous oublions vite tous les événements ou phénomènes qui déchirent brutalement cette bulle : catastrophes naturelles de tous ordres. Mais la joie qui, en dépit de tout, nous prend sur le chemin nous relie directement à une puissance qui nous dépasse, puissance de la vie, de l'esprit, de la matière, de la nature, du cosmos — peu importe le nom qu'on lui donne, car une telle puissance donne naissance au langage, loin que celui-ci puisse l'inclure dans l'un de ses fragments.

Il est plus facile de se laisser aller à souffrir que d'éprouver de la joie. La souffrance est l'affect accompagnant la pensée dans la plupart de ses mouvements. Elle n'est pas contraire au plaisir, lui aussi tellement présent, mais en est pour ainsi dire l'envers ou le reflux. Autant la pensée s'excite et s'enthousiasme à l'aide de certaines idées et de certaines images, autant elle s'attriste et se déprime face à d'autres idées et à d'autres images. Or les idées et les images sont en mouvement constant, s'appelant, se provoquant, s'excitant, s'alimentant les unes les autres. S'il y a plaisir, il y a forcément souffrance. S'il y a espoir, il y a forcément désespoir. S'il y a illusion qui enchante, il y a forcément désillusion qui désenchante. S'il y a image positive de soi qui excite, il y a forcément image négative de soi qui déprime. Ces mouvements de flux et de reflux, de systole et de diastole, de haut et de bas, constituent l'ensemble du mouvement de la pensée. Cela se passe à l'échelle collective comme à l'échelle individuelle. Celui qui est porté aux nues aujourd'hui sur la place publique sera demain jeté aux gémonies. Le violent plaisir éprouvé sera suivi sur les talons d'une souffrance tout aussi cuisante. La solution individuelle n'est évidemment pas de cesser d'éprouver du plaisir afin que la souffrance ne suive pas, car une telle solution est inapplicable, la pensée ne cessant de rechercher le plaisir et ne cessant d'éprouver de la souffrance comme une conséquence même de cette recherche. Un contrôle intérieur à la pensée est sans effet, car c'est toujours la pensée telle qu'elle est — recherchant le plaisir, éprouvant la souffrance — qui contrôle ou qui cherche à contrôler. Il faut voir ou comprendre ce qui est en question ou en jeu : voilà l'attitude la plus intelligente et la plus efficace sous ses dehors de non-agir ou de passivité. Il faut saisir l'ensemble du mouvement de la pensée en ce qui concerne le rapport intime du plaisir à la souffrance. Non pas saisir ce mouvement pour s'en débarrasser, mais seulement pour la joie ou la passion de voir. La pensée cherche et entretient le plaisir grâce à des idées et à des images. Elle retient ainsi le plaisir éprouvé spontanément et qui est passé. Mais ces idées et ces images passent à leur tour, faisant place à d'autres idées et à d'autres images provoquant au contraire la souffrance. La pensée revient à la charge avec des idées et des images contrecarrant les effets des idées et des images négatives. Mais celles-ci, ou d'autres apparentées, reviennent dans ce que nous pouvons appeler, à la suite de Nietzsche, une espèce d'éternel retour. Cela se produit, *mutatis mutandis*, jusqu'à la mort. Jamais le plaisir ne parvient à s'installer. Il est sans cesse évincé par son frère ennemi, son ennemi intime, la souffrance, quitte à ce qu'il revienne à la charge tout aussitôt, pour être de nouveau battu en brèche. D'où la nécessité pour la pensée ne parvenant pas à son but de plaisir parfait ou de bonheur parfait de projeter celui-ci au-delà des frontières de la vie, après la mort, dans une autre vie enfin radieuse, paradisiaque, parfaite. Mais il ne s'agit là que d'une autre idée ou d'une autre image de la pensée, procurant un plaisir momentané sur la longue chaîne des plaisirs et des souffrances. Ce mouvement incessant explique, entre autres, qu'il n'y ait pas de progrès ou d'évolution véritable dans la vie. Jamais nous ne nous rapprochons effectivement du plaisir ou du bonheur parfait, si ce n'est précisément en idée ou en image, de manière fantasmatique. Nous tournons plutôt en rond, ce qui faisait dire à Lucrèce, à la suite d'Épicure, que «toutes choses dans la vie sont les mêmes, toujours». Il est faux que le vieillard soit plus sage que le jeune homme. Il est peut-être moins en mesure de commettre des excès et des folies, son corps le force peut-être à une certaine modération, mais son esprit continue la ronde des plaisirs et des souffrances, même si ceux-ci sont atténués par la vieillesse. La pensée est peut-être essoufflée, fonctionne peut-être au ralenti, mais elle continue sa ronde insensée, elle n'a pas changé de nature, elle s'étire simplement, se troue parfois par endroits, laissant tomber dans l'oubli des pans du passé ou de l'identité. Elle est tout aussi prise dans le mécanisme de la mesure, de la comparaison et de l'envie, créatrices de plaisir et de souffrance selon que la comparaison se fait à notre avantage ou à notre désavantage. Certains ressorts se sont peut-être rouillés, rendant le mécanisme moins souple, plus lent, mais celui-ci n'en préside pas moins aux actions et aux réactions de la pensée. Ce n'est pas grâce au temps que s'effectue un véritable changement, mais grâce à l'observation de la pensée telle qu'elle fonctionne ou procède à tous les moments de la vie.

27

Jugements de valeur et succès

En tant qu'il est un animal grégaire, l'être humain vit sous le regard d'autrui. Nous nous définissons grâce à ce regard, le plus souvent, nous faisons tout pour lui plaire. Ce regard demeure cependant abstrait. Est-il celui de quelqu'un en particulier ou d'une masse anonyme ? Est-il semblable à une rumeur, à un murmure, à ce qu'il est convenu d'appeler une opinion publique ? Ce regard des autres est abstrait dans la mesure où nous ne nous voyons pas nous-mêmes de l'extérieur, mais sommes plutôt d'emblée à l'intérieur, sentant, voyant, imaginant, pensant. Par exemple, nous ne voyons pas notre corps, nous l'habitons. Nous ne le *possédons* pas, nous le *sommes*. Notre corps, en tant qu'il est nous-mêmes, n'est pas perçu, tel un objet dans le monde, mais percevant. Cependant, nous intériorisons le regard des autres dans notre psychisme, nous tentons de nous voir de l'extérieur. Ce faisant, nous manquons d'autonomie. Nous sommes esclaves. Certes avons-nous besoin d'être reconnus, aimés, admirés, cependant il est impossible de l'être par tous. Nous n'avons surtout pas à l'être par n'importe qui. Est-ce réellement si positif d'être admiré ou plutôt adulé par le grand nombre ? Quel est le prix à payer pour une telle adulation ? De plus, comment pouvons-nous nous fier au regard des autres quand nous savons combien il est variable ? Changeantes et superficielles sont les images. Être sous la coupe du regard des autres, c'est se comporter soi-même comme une image. Or elles sont toutes fausses, la réalité étant toujours plus subtile, plus complexe, plus changeante, plus insaisissable et indéfinissable. C'est grâce aux images que nous nous définissons, ce d'ailleurs pourquoi toute identité est superficielle et fausse. Dans la mesure où nous faisons partie d'une société et sommes constamment en rapport avec les autres, il est difficile d'échapper au règne des images. Tout le domaine de la politique, comme l'a bien vu Hannah Arendt, est dominé par les apparences. Être un personnage public, c'est porter ou incarner une image ou une multiplicité d'images, c'est faire du regard des autres le juge suprême.

Des jugements de valeur sont portés sur telle œuvre, telle action, tel homme ou telle femme. Quelle est la valeur de tels jugements ? Par qui sont-ils proférés ? Ce qui a de la valeur d'un certain point de vue n'en a pas d'un autre. Ce qui est adulé, encensé correspond à un certain goût commun, a souvent un lien avec l'industrie du divertissement et peut être jugé médiocre d'un point de vue plus exigeant et, par le fait même, plus rare. Les valeurs dites démocratiques sont des valeurs de masse et peuvent, pour cette raison, exclure ce qui est singulier. Le vrai, le beau et le bon dépendent-ils d'un vote majoritaire ? Ou la majorité peut-elle, au contraire, à un moment donné, se prononcer en faveur du faux, du laid et du mauvais ? Un philosophe comme Nietzsche a passé toute sa vie à lutter contre les valeurs majoritaires, celles établies par le consensus et la bonne conscience. Constamment, il a posé la question : quelle est la valeur des jugements de valeur ? Vont-ils dans le sens d'une vie plus forte, plus intense, plus curieuse, plus aventurière, plus créatrice, ou au contraire dans le sens d'une vie plus peureuse, plus renfermée sur elle-même, plus consommatrice ? Nietzsche, c'est là son trait caractéristique, remet en question les valeurs régnantes, effectue une critique radicale de la morale chrétienne en prenant pour critère le renforcement ou l'affaiblissement de la vie qui en résulte. Selon lui, est bon ce qui augmente la puissance de vivre, mauvais ce qui la diminue. Remarquons que ce critère n'est pas facile à appliquer concrètement, et c'est justement au niveau de l'application que les meilleurs critères, comme les meilleures intentions, accouchent de monstres. Nietzsche a au moins le mérite de poser la question au lieu de se contenter des réponses fournies par les pouvoirs en place. En cela il est un philosophe, c'est-à-dire un humain qui interroge. Il faut être capable de tout remettre en question si nous voulons voir par nous-mêmes. Sinon, nous sommes aveuglés par les nombreux reflets qui ne font que nous renvoyer ce que nous pensons savoir déjà, reflets qui d'ailleurs ne nous appartiennent pas, mais qui ne sont que des réverbérations des images millénaires, culturelles, sociales, historiques, religieuses, idéologiques, brillant, telles les Idées platoniciennes, dans la nuit des temps et jetant une lueur de confusion dans notre présent. Tout ce qui n'appartient pas à notre propre vision participe de la confusion universelle. Tant que nous ne voyons pas par nous-mêmes, les lumières nous aveuglent en même temps qu'elles prétendent nous éclairer. Les lumières sont changeantes, car elles nous parviennent d'horizons variés, qui ne cessent, au diapason du mouvement des astres, de bouger. Telle lumière s'allume et telle autre s'éteint, comme les étoiles. La vérité d'hier devient la fausseté d'aujourd'hui. Le mensonge devient conviction, et la conviction mensonge. Le puissant est jeté en bas de son piédestal. Le petit devient grand, et le grand se recroqueville sur lui-même. L'enfant naissant qui vagit devient le mourant qui râle. Le tout nouveau devient ancien. L'oublié insiste et revient, différent de ce qu'il a été, puis disparaît sans laisser de traces. Les valeurs et les images ne cessent de tourner dans le kaléidoscope du temps.

Le souci du succès est le plus grand obstacle à la création. Nous ne laissons pas alors venir à l'expression ce qui est, mais ce qui veut être entendu ou vu, ce qui est susceptible de plaire, de flatter ou de divertir. Mais ce qui est a une rigueur, implique une ascèse, exige un changement radical. Il ne peut flatter les opinions ou les préjugés. Il va à l'encontre de ce qui est pensé ou cru. Il ne correspond à rien, ne ressemble à rien. Il détruit les images et les clichés, les vérités qui rassurent, il brise les habitudes, frustre les attentes. Ce qui est surprend. Si nous créons en accordant trop d'importance aux réactions, en cherchant à plaire ou en voulant être aimés, nous ne créons qu'à la surface de nous-mêmes, en réalité nous ne créons pas vraiment, nous ne faisons qu'aménager une place confortable à l'intérieur de la création se trouvant déjà là. Il y a là manque de courage, manque de la capacité d'ouvrir un nouveau chemin et de cheminer seul dans l'obscurité, sans balises et sans but. Toute création implique une destruction. Si nous cherchons à tout conserver, nous n'allons pas loin. Nous avons besoin du créateur afin qu'il nous montre un tout autre point de vue. Un tel point de vue heurte, mais à quoi servirait donc le créateur s'il ne faisait que confirmer ce que tout le monde pense? Il doit ouvrir de nouveaux horizons. Ces nouveaux horizons ne sont pas lointains, mais ils ouvrent au contraire sur le plus proche, sur ce que nous ne cessons de fuir, à savoir ce qui est, ce qui se trouve d'ores et déjà sous notre nez. C'est le plus proche qui est la véritable énigme ou le vrai défi.

Précisons en terminant qu'il ne s'agit pas d'aller à l'encontre des images, de chercher par exemple à déplaire plutôt qu'à plaire, car lutter contre les images — au profit d'autres images —, c'est encore être sous leur joug. La révolte reconnaît l'autorité de ce contre quoi elle se révolte — il en est d'ailleurs de même de la critique, de l'ironie, de la parodie, du sarcasme. Comme l'ont vu Bataille et tant d'autres, la transgression maintient et confirme l'interdit. Mieux vaut ne pas tenir compte des images, ni dans un sens ni dans l'autre, et demeurer inspirés de l'intérieur par ce que nous ressentons, voyons, découvrons, inventons. Être sous la coupe du regard des autres, c'est avoir son centre de gravité à l'extérieur de soi, dans un lieu abstrait habité par personne ou tout le monde — lieu de l'imitation, de la redondance, de la citation, de la rumeur, de l'opinion publique, de l'image publicitaire —, alors que le centre de gravité doit se trouver dans notre perception vivante ou dans notre intelligence en acte. Celle-ci aborde la question des images, de leur rôle, de notre dépendance à leur endroit, des méfaits qu'elles provoquent, de la fausseté qu'elles installent dans les relations humaines ainsi que dans le for intérieur de chacun. Questionnons le rôle des images, demandons-nous pourquoi elles mènent le monde et où elles le mènent. Les images proviennent de toutes les collectivités, autant civiles que religieuses : images de féminité, de virilité, de sainteté, de sagesse, d'excellence, etc. Elles induisent la respectabilité et le conformisme. Nous faisons comme si nous correspondions à l'image valorisée. Nous nous mesurons à elle. La réalité en est heurtée, blessée, déniée, dévalorisée. Le moi se trouve pris entre l'image et la réalité, d'où l'hypocrisie et la fausseté. Il est tiraillé, mis en conflit avec lui-même. Comment dans un tel contexte pourrait-il voir clair et se connaître tel qu'il est ? Si le mensonge se trouve au cœur du moi, la vérité demeure inaccessible. Il faut donc observer le rôle des images, puisque celles-ci contribuent pour une grande part à nous définir ou à définir le conflit, générateur de confusion, qui nous constitue. Il s'agit d'observer notre dépendance à l'endroit du regard des autres, de constater par conséquent le rôle que ce regard joue dans notre for intérieur, comment il nous empêche de nous voir tels que nous sommes, comment il nous rend esclaves au plus profond de nous-mêmes. Nous pouvons comprendre que les images sont engendrées par les lois sociales définissant le permis et le défendu. Ces lois sont nécessaires pour permettre l'ordre et la tranquillité. Cependant, les images induites par les lois n'ont pas à s'introduire aussi profondément dans la psyché, au point de définir notre identité, de servir d'écran ou de filtre entre nous et nous-mêmes. Dans la mesure où les images font écran, nous ne pouvons plus nous observer directement, nous ne cessons de nous mesurer et comparer à ces images, et c'est là que commencent, bien involontairement, l'hypocrisie et la fausseté.

28
Blessures

Nous devons être lucides à l'endroit de nos propres blessures, ne pas les dénier, ne pas chercher non plus à les rationaliser ou à les justifier, mais les ressentir telles qu'elles sont, car les blessures font partie de nous à l'égal des satisfactions. Elles nous constituent. Non pas que nous nous identifions à elles, ce qui serait leur donner une permanence qu'elles n'ont pas, pas plus que le moi ou l'ego d'ailleurs. Mais les blessures sont là. Elles sont ressenties de manière indéniable. Elles sont toujours de nature égocentrique. C'est le moi qui est blessé, une certaine image, un certain idéal, une certaine idée du moi. Nous voudrions être le meilleur ou la meilleure, et nous sommes blessés quand nous constatons nos failles et nos défaillances. Toute blessure est narcissique. Fuir la blessure, l'éviter ou la dénier est également narcissique et rend vulnérable à d'autres blessures. La blessure est de cet ordre: quelqu'un dit quelque chose de négatif sur moi-même, me dévalorise, se moque de moi ou, pis, m'injurie. Une certaine image de moi-même est touchée, affectée. Et le moi souffre en conséquence. Ou encore, je me compare à quelqu'un qui a mieux réussi que moi sur tel ou tel plan. Je me sens donc dévalorisé. Je mesure mon échec à la réussite d'un autre. Le moi est blessé. Nous cherchons alors à rationaliser la blessure ou, si elle est trop cuisante, à l'oublier ou à la dénier. Nous pensons à autre chose, nous nous divertissons, jusqu'à ce que l'affect négatif s'évapore. Que faire, sinon demeurer auprès de la blessure, puisque toute autre action s'avère insuffisante? Ressentons la blessure sans bouger. Laissons-nous traverser par elle. Épuisons-la. Si nous sommes immobiles devant la blessure — sans lutter, sans rationaliser, sans fuir —, les images constitutives du mouvement, y compris celles relatives au moi, ne cessent-elles pas? Mais si les images cessent, y a-t-il encore blessure? Les images peuvent-elles cesser? Car d'abord, il y a images. Elles se forment automatiquement, involontairement. Certaines nous ont précédés, dans la mesure où elles viennent de la tradition de l'humanité ou, de manière plus restreinte, du groupe auquel nous appartenons géographiquement et culturellement. Les images ne nous ont pas attendus pour exister; elles nous attendent. Voyons-les à l'œuvre. Tantôt elles nous procurent du plaisir, quand elles sont confirmées par les circonstances, tantôt elles nous font souffrir, quand elles sont mises à mal par certains événements. Nous sentons ces images — images multiples et changeantes — par les nombreux affects tournant autour d'elles. Quelle est la valeur de ces images? Ne sont-elles pas le poids du passé, autant collectif qu'individuel? Est-il possible de mettre fin aux images? Ce qui est certain, c'est qu'aucune méthode n'est disponible pour y parvenir, toute méthode étant encore une image. Nous n'avons en fait que l'observation vivante. Posons-nous ces questions: pourquoi devrions-nous porter des images de nous-mêmes qui nous empêchent d'aller de l'avant et d'explorer des contrées inconnues? Pourquoi nous identifierions-nous à quoi que ce soit, qu'il s'agisse d'un groupe ethnique ou culturel, d'une famille, d'une religion, d'une opinion, d'une idée, d'un symbole, d'une frustration, d'une blessure? Une telle identification est-elle vraiment nécessaire, même si tout le monde répète qu'elle l'est? Être philosophe, n'est-ce pas justement pousser les questions au-delà des consensus et des évidences, avec une liberté sans limite? Et une telle liberté n'implique-t-elle pas l'abolition des images? Il ne s'agit pas là d'une idée, d'une théorie ou d'un projet mais de quelque chose à expérimenter ou à vérifier. C'est en effet dans le vif de l'action ou de la passion que se produit la dissolution des images. Ce n'est pas une affaire de désir ou de volonté, mais de perception par le corps entier, d'intensité, de vitalité. Voyons dans la pratique s'il est possible de mettre fin aux images qui nous dirigent et nous contrôlent. Voyons si, sur ce plan fondamental, nous pouvons être libres.

29
La frivolité et l'intensité

Remarque-t-on combien nous sommes frivoles quand tout va bien et combien, au contraire, nous devenons intenses quand nous sommes frappés de plein fouet par une épreuve? Pourquoi sommes-nous intenses presque uniquement dans des situations de grand malheur et sommes-nous si superficiels dès que le cours dit normal des choses reprend? La violence de l'épreuve ne nous laisse pas le choix, elle nous met au pied du mur, nous forçant à être complètement là, sans fuite possible, alors que, lorsque tout va bien, la pensée vagabonde, espérant et craignant, produisant des problèmes comme pour suppléer à ce qu'il y a de trop doux, de trop simple, de trop facile dans la réalité. Dans un moment de grande crise, nous sommes tout entiers présents, alors qu'au fil des jours nous ne cessons de nous évader et de nous disperser, n'étant présents qu'à moitié, l'autre moitié vagabondant, en attente de la vraie vie toujours à venir. Mais au cœur de l'épreuve, devant la violence de son impact, il n'y a justement pas d'avenir, il n'y a que ce qui est, aussi terrible, incompréhensible cela puisse-t-il être. Cela explique que certains puissent être étrangement nostalgiques d'une époque de leur vie où ils ont pourtant subi une grande épreuve: tout y était si intense, les illusions, désirs, espoirs et frustrations qui fragmentent et dispersent la vie s'étaient volatilisés sous la violence de l'événement envahissant la réalité et la psyché, ne laissant pas de porte de sortie. Cependant, avons-nous vraiment besoin du malheur pour ressentir l'intensité de la vie, pour être passionnément présents, ou ne pouvons-nous être intensément présents face aux événements ordinaires, doux, agréables de la vie? Avons-nous besoin du terrible pour faire craquer notre carapace ou pouvons-nous nous ouvrir naturellement, facilement au merveilleux? Certes, la pensée manque de sérieux, elle est frivole, paresseuse, elle ne cesse de fuir. Il suffit de voir ce qui se passe à l'échelle collective. Y règne le divertissement. Ou encore, y règnent les images plus ou moins fausses, plus ou moins superficielles. Certes, certaines images peuvent se démarquer, mais à la condition qu'elles remettent précisément en question le statut de l'image, qu'elles pointent en direction de l'altérité radicale, qui est de l'ordre de l'inimaginable ou de l'impensable. Mais pour cela, il faut tout un travail de sape, de déconstruction, de questionnement, d'observation — ce dont se montre trop souvent incapable la sphère collective, qui est plutôt à la recherche de solutions de facilité, de formules faisant consensus, de valeurs donnant bonne conscience. Cependant, peut-on demander à la sphère collective d'aller au fond des choses, ou n'en est-elle pas, au contraire, rigoureusement incapable? Si secret de la vie il y a, si moyen il y a de vivre passionnément, non seulement les grandes épreuves mais les plus petits événements, il ne peut être découvert qu'au cœur silencieux de la vie et non dans la dimension bruyante des images, des symboles, des formules et des mots d'ordre.

30

Les fragments dangereux de notre identité

Nous nous identifions à une image. Nous tentons de nous rapprocher d'elle. C'est un tel conformisme qui nous empêche d'être lucides, d'être en contact avec ce que nous sommes vraiment, plus précisément avec tel ou tel fragment de ce que nous sommes, puisque nous sommes une pluralité de fragments, non seulement différents, mais contraires. Nous ne voulons pas voir certains fragments, car ils contredisent nos images et nos modèles. Ces fragments doivent donc exister en cachette, ou encore nous en sommes conscients, mais nous établissons une rupture entre eux et d'autres fragments auxquels nous nous identifions. Nous cédons donc partiellement à ces fragments mauvais — d'ailleurs, avons-nous réellement le choix? — mais pour les oublier tout aussitôt et prendre le point de vue des fragments valorisés, conformes, auxquels nous nous identifions. Nous sommes donc forcément hypocrites, plus ou moins consciemment selon notre degré de lucidité ou selon notre degré de conformisme. Nous nous insurgeons d'autant plus violemment contre certains états, certains affects, certains comportements, que nous en sentons les germes en nous, qu'ils correspondent à certains fragments de ce que nous sommes. Nous nous élevons contre eux comme si nous tentions, ce faisant, de les faire magiquement disparaître en nous. Mais ces fragments ne sont pas à la merci d'une formule incantatoire, d'un rituel, d'une parade, d'une posture, d'une prise de position, voire d'une bonne volonté ou d'une bonne intention. Ils dépendent d'un conditionnement millénaire, appartiennent à des soubassements profonds qu'une simple volonté, voire une analyse, ne peut déterrer, encore moins éradiquer. Tout ce processus de fausseté ou d'hypocrisie, généré par l'aveuglement sur soi, a été bien mis en lumière par Henry Miller lorsqu'il déclare: «Les qualités sordides imputées à l'ennemi sont toujours celles que nous reconnaissons comme nôtres et c'est pourquoi nous nous dressons pour les massacrer, puisque ce n'est que par la projection que nous nous rendons compte de leur énormité et de leur horreur. L'homme essaie comme dans un rêve de tuer l'ennemi qui est en lui.» Miller visait surtout la fausseté ou l'hypocrisie touchant les choses du sexe, mais cette fausseté ou cette hypocrisie touche en fait tous les domaines. Un tel processus de fausseté ou d'hypocrisie, même s'il prend pour cible l'autre ou l'ennemi, se retourne immanquablement contre nous-mêmes. Il nous empêche de nous voir tels que nous sommes. Or, en dehors d'un tel contact, nous vivons dans un rêve, nos espoirs sont des chimères, nous ne pouvons empoigner la réalité, la transformer et avancer. Nous nous en faisons accroire, nous baignons dans notre bonne conscience, fausse bonne conscience d'ailleurs, rongée par le malaise et la culpabilité, nous faisons l'effort vain de nous conformer à un modèle ou à une image que nous ne sommes pas, ou qui ne correspond qu'à certains fragments de ce que nous sommes, nous nous interdisons d'entrer trop clairement ou lucidement en contact avec d'autres fragments non conformes, tout aussi constitutifs de ce que nous sommes, plus forts et plus dangereux d'être laissés pour compte, rejetés, déniés. Dans tout cela, dans tout ce processus d'observation de soi, il ne s'agit pas de condamner, de juger, de justifier, il s'agit simplement de voir ce que nous sommes, d'entrer en contact avec tous les fragments qui nous constituent, le seul salut consistant dans ce contact même et non dans l'espoir d'une impossible réalisation, d'une impossible sagesse ou sainteté. C'est ce contact avec ce que nous sommes, imparfaits, non conformes, qui est la vraie vie, alors que la projection dans le futur, l'espoir d'une autre vie, le fantasme d'une conformité au modèle ou à l'image, n'est que la vie rêvée. C'est dans la mesure où nous entrons en contact avec les «mauvais» fragments que nous pouvons, par la force même du contact, désamorcer leur charge négative ou maléfique, alors que tant que nous les dénions, que nous les laissons à eux-mêmes, que nous les combattons de l'extérieur — comme s'ils appartenaient à un autre que nous, qu'ils étaient l'intrusion d'une puissance étrangère, démoniaque —, notamment en les projetant sur l'autre ou sur l'ennemi, nous les renforçons. De toute manière, quoi que nous fassions, quoi que nous pensions, quoi que nous rêvions, quoi que nous espérions, ces fragments demeurent, appartenant à des dimensions plus profondes que la volonté ou l'intention. Ce n'est que par le contact ou que par le face à face avec eux tels qu'ils sont, tels qu'ils se manifestent si nous nous ouvrons à eux, si nous sommes attentifs à ce qui a lieu, que nous pouvons vivre avec eux de manière positive ou créatrice, que nous pouvons leur faire subir une subtile transmutation. Ces fragments dangereux ou néfastes peuvent alors être vus, saisis et compris, et leur énergie négative peut être transformée en énergie positive. Il ne s'agit pas là d'une idée s'adressant à la croyance ou à l'opinion, il s'agit là de quelque chose à voir ou à faire, à expérimenter ou à vérifier par nous-mêmes.

31
Le vide de notre être

Il y a la figure corporelle — celle que je peux voir dans un miroir —, puis identification à cette figure. Cette identification constitue le moi. Figure et moi sont deux choses distinctes. Le moi appartient au contenu de l'esprit vide ou silencieux. Il est une construction. Il peut y avoir figure sans identification. La figure corporelle n'a pas besoin du moi. Celui-ci est surajouté. C'est l'esprit vide ou silencieux qui permet de le voir. Tout cela est infiniment subtil et affaire de perception. Ce n'est pas la figure corporelle qui fait problème, que cette figure soit individuelle ou collective — concernant par exemple un peuple ou un groupe culturel —, ce qui fait problème, c'est l'identification à cette figure sous la forme d'un moi individuel ou collectif. Un tel moi est une construction de la pensée et n'a rien de nécessaire ou de naturel. Ce qui est nécessaire ou naturel, c'est l'esprit vide ou silencieux rendant possible la construction ou l'apparition d'un tel moi. Par ailleurs, tout contenu produit ou construit encombre le vide, le recouvre, l'écrase, au point que celui-ci est complètement perdu de vue. Le soubassement est oublié au profit de ce qu'il porte ou soutient. L'espace est négligé au profit de ce qu'il contient. Le contenant est absorbé par son contenu. Le vide est recouvert par le plein. Tout contenu participe d'une certaine forme d'illusion ou de fausseté. Seul l'esprit vide ou silencieux est complètement vrai. Le contenu passe — les idées, les paroles, les images, les explications, les descriptions —, l'esprit vide ou silencieux reste, immobile, intouché, imperturbable.

Qu'est-ce qu'un humain en deçà des images qu'ils projette, en deçà de sa fortune, de sa notoriété, de son passé? Qu'est-il au cœur de sa vie, à savoir de son présent vivant? S'il s'enfonce en lui-même, en deçà des images innombrables qui le constituent, en deçà de ses croyances, de ses connaissances, que trouve-t-il ? Au fond de l'être, ne trouve-t-on pas le vide ? Celui-ci n'effraie que s'il est mis en rapport avec les images de toutes sortes concernant le statut, le pouvoir, la richesse, l'idéal ou le modèle, mais s'il est pris en lui-même, dans sa simplicité et sa sobriété, il est espace de liberté à l'endroit précisément de toutes les images de surface, de toute l'expérience et de tout le savoir accumulés. Quand ce vide vibre dans toute sa pureté, il donne la joie. Il établit le lien entre tous les êtres. Il est le mystère de l'«il n'y a pas» au sein de tout «il y a». Mettant tous les êtres sur un pied d'égalité, il donne naissance à l'amour ou à la compassion. C'est une expérience que nous faisons tous, bien qu'elle prenne le plus souvent une allure négative, à cause des mesures ou des comparaisons que nous ne pouvons nous empêcher de faire. Souvent, quand nous sommes seuls avec nous-mêmes, nous sentons ce vide au cœur de tous nos accomplissements, de tous nos efforts, de toutes nos images, celles que nous avons de nous-mêmes, celles auxquelles nous nous identifions et vers lesquelles nous tendons de toutes nos forces. Au cœur de nos richesses, de notre statut qui nous accorde une importance sociale, de nos réussites qui nous confèrent peut-être une certaine notoriété, nous sentons que nous sommes vides, que nous ne sommes rien, et une telle intuition ou vision nous fait peur, car elle indique d'un coup la vanité de nos efforts, celle de nos réussites et de nos accomplissements. Le vide ou le rien est à nos yeux quelque chose de négatif, relevant du manque, de la lacune, de la faille. Et nous voulons tellement être, devenir, accomplir, réaliser. Nous sommes sans cesse tendus vers quelque chose, nous sommes à la poursuite d'un accomplissement, nous cherchons à «devenir». Nous sommes tendus, projetés vers l'avant, peut-être en partie pour fuir ce vide ou ce rien qui nous constitue au noyau ou au cœur de notre être, mais le vide ou le rien nous suit dans notre fuite, il se trouve au cœur de notre tension ou de notre effort. Il est toujours là, ne cessant de nous accompagner. Il précède notre naissance et nous attend à notre mort. Il nous indique la vanité du progrès, de l'évolution ou du devenir en ce qui concerne l'essentiel, à savoir le noyau de notre être ou de notre vie. Ce vide est plein d'énergie. Il est le plus souvent encombré par les images de surface, les buts, les visées, les tentatives de réalisation. Mais il est toujours là et, que nous le voulions ou non, il se manifeste régulièrement à nous par toutes sortes de signes venant remettre en question la belle organisation de surface. Il fait craqueler les masques et les armures. Alors même que nous le fuyons, il est notre meilleur allié si nous nous ouvrons à lui. Il peut nous libérer de problèmes inutiles qui encombrent notre vie, nous libérer notamment du poids des accomplissements passés et de celui des accomplissements à venir. Le vide au cœur de notre être — comme le vide au cœur de l'univers — est le lieu d'où tout jaillit.

32

La joie de créer

C'est une immense libération et par conséquent une immense joie pour l'homme de créer. De cette manière, il parvient à donner une forme à l'informe, à organiser le chaos, à laisser des traces de ce qui ne cesse de passer. Dans la création se concentrent toutes les énergies. L'homme y met le meilleur de lui-même. C'est pourquoi c'est un privilège d'entrer en contact avec les grandes créations. On entre ainsi en contact avec le meilleur de quelqu'un, qui est aussi le meilleur de l'humanité. C'est en effet en s'enfonçant en lui-même, en atteignant des sources universelles, que l'individu crée. Ainsi, la création rejoint-elle les autres humains. Le créateur nous ouvre à nous-mêmes, à ce qui se trouve en nous, mais que nous ne voyons pas, écrasé qu'il est par les vérités admises et les autres consensus. Le créateur explore un sillon nouveau. Celui-ci se trouve également en nous. Le créateur nous montre ce que nous devons voir par nous-mêmes. Il nous invite donc à devenir nous aussi des créateurs. En créant, l'homme se libère lui-même, loin que la liberté puisse lui être donnée par un autre, homme ou Dieu. L'acte de créer consiste pour l'essentiel à explorer la prison dans laquelle nous nous trouvons, prison de nature spirituelle tout autant que matérielle, culturelle tout autant qu'économique, psychologique tout autant qu'historique. Une telle exploration amène au grand jour ce qui est caché. Grâce à l'exploration ou à la vision, une brèche est percée dans les murs de la prison. Cette brèche est l'acte de création même, qui fait ainsi entrer dans l'esprit ou le cerveau un souffle ou un coup de vent salutaire. C'est l'acte de créer qui opère une percée, et quand l'acte cesse la brèche se referme. On ne peut s'installer dans la liberté. Celle-ci n'est pas un état, mais une conquête, une fois dit que cette conquête se fait sans fracas et sans violence. L'acte de créer est au contraire l'acte le plus amoureux. Il consiste à empoigner la réalité telle qu'elle est, piégée, lacunaire, figée, et, par la force du corps à corps, à l'ouvrir. La création est toujours création de réalité. Elle déplace celle-ci, l'amène ailleurs. Cette réalité inclut le monde, les autres et soi-même. Aussi bien dire que c'est la réalité elle-même qui crée, nous emportant avec elle. En créant en effet, l'individu s'ouvre à la nature ou à Dieu — autre nom pour la réalité. Au lieu de demeurer enfermé en lui-même, résistant au mouvement de la réalité, il s'abandonne à lui. L'homme crée toujours par-delà lui-même, en s'ouvrant à ce qui le dépasse, en se laissant traverser et emporter par lui. Créer en effet n'est pas contrôler. C'est au contraire cesser de contrôler pour s'abandonner aux forces profondes du corps reliant l'esprit humain à la nature. Créer, c'est accéder à une intelligence singulière et impersonnelle, intelligence inventive qui s'avance dans l'inconnu, qui ne compare pas le nouveau à l'ancien ou l'inconnu au connu, mais qui s'avance dans l'inconnu même, s'en faisant un allié, guidée par lui au lieu de chercher à le maîtriser en tentant de l'inclure dans des catégories aménagées. C'est l'inconnu, le nouveau, le sans nom qui s'avance dans l'acte de créer. C'est lui qui nous instruit, loin que ce soit nous — le «nous» conditionné, limité — qui lui disions ce qu'il est. L'acte de créer se fait donc dans un certain silence et une certaine ignorance. C'est dans l'ouverture du silence ou de l'ignorance que l'inconnu peut s'avancer et se montrer. Une grande œuvre n'est rien d'autre que la trace laissée par l'avènement ou le surgissement de l'inconnu.

Par la création, l'homme se concentre en lui-même, il coupe avec une certaine superficialité extérieure, il se dénude, se met face à l'essentiel. La création est un processus qui permet de faire le point. Ou plutôt, puisqu'il s'agit de mouvement, ce processus trace la ligne qui nous amène ailleurs, qui nous fait avancer, qui déplace les obstacles, contourne les impasses, découvrant ou inventant, au fond des impossibilités, de nouvelles possibilités de vie. L'effet produit sur le créateur se répercute sur toute personne entrant en contact avec l'œuvre en tant que création achevée. C'est ce que nous aimons dans l'art, la littérature, la philosophie: être forcés de faire face à l'essentiel. Il est vrai que la création d'une œuvre ou que le rapport à une œuvre ne suffit pas. La vie est multiple, se composant d'une foule d'instants de toutes sortes. Les instants forts de création d'une œuvre ou de contact avec une œuvre — contact où nous participons à la recréation de l'œuvre, où nous nous l'approprions à l'aide de toutes nos facultés, réceptrices et créatrices — coexistent avec une multitude d'autres, tout aussi importants du point de vue de la vie. C'est aussi dans tous les autres instants, moins remarquables peut-être, moins concentrés, qu'une certaine création, à même la vie, doit avoir cours. Cette création touche les rencontres, les affects, les défis, les épreuves, tout ce qui se passe ou arrive au cours d'une journée, et d'un jour à l'autre. Il peut se faire que, sur ce plan brut de la vie, les grandes créations du passé ne nous soient pas toujours d'un grand secours. Il peut même exister une distorsion douloureuse entre la grandeur d'une œuvre et la petitesse d'une quotidienneté. L'homme est alors déchiré entre des parties de son être, parties qu'il peut appeler corps et esprit. Il est alors un champ de bataille où les bonnes intentions, les nobles idéaux côtoient souvent la mesquinerie et la médiocrité. Ce dualisme ou cette distorsion met l'homme en conflit avec lui-même. À l'encontre de ce dualisme ou de cette distorsion, il nous semble que la création doit s'exercer non seulement dans une œuvre particulière, mais encore au fil des instants, à l'échelle de la vie quotidienne. La vie prosaïque, au jour le jour, peut elle aussi devenir poème. Qui plus est, il nous semble qu'une œuvre trouve sa grandeur dans ce lien avec la création ayant cours au fil des instants, création propre à tous les vivants, quel que soit leur talent ou leur domaine de spécialité. Il y a interaction féconde entre la création d'une œuvre particulière et la création se déroulant au fil de la vie. L'une alimente, féconde, provoque l'autre. Il y a va-et-vient entre les deux. L'une pose des questions à l'autre, la forçant à se dépasser. Certes, l'œuvre s'alimente à la vie dans la mesure où elle est une production, une expression ou une émanation de celle-ci. Mais aussi bien, la vie est poussée en avant par les avancées de l'œuvre, par les ouvertures pratiquées dans l'œuvre. Remarquons qu'il n'y a ici aucun idéalisme. L'œuvre ne dit pas à la vie ce qu'elle devrait être. Chacune avance de son côté. Ce que l'œuvre ne peut pas dire ou montrer, la vie l'accomplit sans phrases et sans images. Ce que la vie ne peut pas dire ou montrer, l'œuvre le dit et le montre. L'une n'est pas la reproduction de l'autre, comme l'art n'est pas une reproduction de la réalité ou de la nature. Mais plutôt, l'une fait comme l'autre, c'est-à-dire produit ou crée le nouveau ou l'inédit. La vie et l'œuvre avancent chacune de son côté et se rejoignent là où elles sont sans ressemblance, au bout de leur création.

33
L'intériorité

S i nous ne partons pas de nos affects profonds, nous faisons fausse route, nous errons. Sous prétexte de politesse, de savoir-vivre, de bonté, nous faisons en réalité notre malheur et celui des autres. Nous ne pouvons en effet renier réellement nos affects profonds, nous pouvons tout au plus les recouvrir temporairement, mais en les recouvrant nous les rendons plus forts, par conséquent plus insidieux et plus dangereux. Chaque fois que nous recouvrons nos affects, c'est plus ou moins dans le but d'être bien vus ou d'être aimés. Nous subordonnons ainsi notre intériorité à l'extériorité des apparences, de l'opinion d'autrui, de ce qu'il est convenable de faire, d'une certaine image que nous nous faisons de nous-mêmes. Or rien de solide ne peut être fondé sur les apparences ou les opinions. Les unes et les autres sont changeantes. Ce que l'on aime un jour, on le déteste un autre jour, selon les circonstances, les événements, les modes, les états et les humeurs. De plus, c'est souvent paradoxalement au moment où nous cherchons à plaire que nous déplaisons le plus, précisément peut-être parce qu'alors nous ne sommes pas nous-mêmes, que nous exposons sans le vouloir une certaine fausseté — celle correspondant à la distance existant entre ce que nous ressentons et ce que nous faisons ou disons. La fausseté, quel que soit son degré, dût-elle même correspondre uniquement à une espèce de politesse sociale, ne peut fonder aucune relation authentique. Elle mine au contraire de l'intérieur toute relation. Dans la mesure même où une certaine fausseté est partie constitutive des relations sociales, elle est un ferment de dissolution de celles-ci. Nous le savons, les relations sociales, ayant souvent en elles une part irréductible d'hypocrisie, subissent des métamorphoses catastrophiques.

À l'apparente bonne entente, succèdent souvent et de manière abrupte des manifestations d'indifférence, voire de haine, pouvant parfois aller jusqu'au meurtre, puis au meurtre collectif reconnu et légalisé, à savoir la guerre. Mais une certaine fausseté ou hypocrisie mine également les relations dans leur dimension privée. Comment expliquer autrement que des relations intimes, celles ayant cours par exemple entre un homme et une femme, ayant donné lieu à une famille, puissent passer si brutalement de l'amour à la haine, de l'étreinte au combat? Cela ne s'explique-t-il pas parce que déjà l'amour, ou le soi-disant amour, reposait sur du non-dit, du refoulement, de l'agressivité rentrée, du ressentiment? L'amour n'était-il pas déjà en grande partie fondé sur des actions et des paroles contre-disant les affects profonds, sur des compromis grugeant la substance même de l'être? Certes il est nécessaire de faire des compromis, mais à la condition qu'ils ne contredisent pas les affects profonds. Le mot «compromis» est-il d'ailleurs ici le bon? Un compromis, quel qu'il soit, n'est-il pas toujours mauvais? Ne faut-il pas aimer ce que l'on fait pour bien le faire? Il ne s'agit évidemment pas d'imposer ses caprices à autrui. Mais au lieu que l'amour repose sur le compromis, ne faut-il pas au contraire qu'il transforme ce qui pourrait être un compromis en un acte d'amour? Si l'amour est premier, il inspire et transfigure les actions. Il doit être premier. Ce que nous disons de l'amour est aussi vrai de l'amitié. Une amitié ne peut être fondée sur le compromis, mais doit transformer ce qui peut avoir l'apparence d'un compromis en un geste d'amitié. Comme l'a si bien vu Nietzsche, partout où il y a frustration, il y a accumulation de ressentiment, accumulation qui, tôt ou tard, finit par exploser, emportant dans ses éclats une enveloppe ou une carapace vidée de sa substance, vidée de son sens vivant, vidée de l'amour et de l'amitié, tués à petit feu par les compromis, une certaine fausseté, le refoulement des affects profonds. Ceux-ci, ne pouvant s'exercer librement, se retournent contre leur possesseur, qui lui-même les retourne contre celui qui lui semble être à l'origine d'un tel retournement. C'est toute la relation qui s'effrite, toute sa belle apparence qui implose. Attention cependant! Laisser agir les affects profonds ou se laisser inspirer par eux ne signifie pas s'installer dans une position fixe ou figée, car les affects profonds sont précisément en devenir et le sont d'autant plus que nous nous ouvrons à eux au lieu de nous braquer et de leur fermer la porte. C'est dans la mesure où nous nous braquons qu'ils se braquent eux-mêmes, dans la mesure où nous les refoulons qu'ils se renforcent, alors que si nous les laissons venir à la surface, nous leur permettons précisément de bouger et de changer, de se transformer en d'autres affects. Il faut d'abord qu'ils puissent s'exprimer ou se manifester pour changer. C'est dans la mesure où nous leur ouvrons la porte qu'ils peuvent se révéler et se vider, laissant ainsi la place libre ou vacante pour autre chose, prenant lui aussi racine dans les profondeurs du corps ou de la psyché. Dans tous les cas, il faut partir de ce qui est profondément et effectivement ressenti, c'est le seul point de départ valable, le seul permettant d'avancer.

Nous agissons pour être approuvés, pour être aimés, mais nous sommes malheureux d'agir ainsi, car nous allons à l'encontre de ce que nous désirons au plus profond de nous-mêmes — sans toujours comprendre pourquoi nous désirons ainsi —, nous tentons de nous conformer à un modèle extérieur que nous avons intériorisé. Si nous ne sommes pas connectés à ce que nous sentons au plus profond de nous-mêmes, nous ne pouvons que faire des erreurs, alors même que nous cherchons à faire pour le mieux et que nous cherchons à plaire. Il nous faut être guidés par notre propre lumière, aussi obscure puisse-t-elle être, la lumière de nos affects, de ce que nous éprouvons au plus profond de nous-mêmes. Ce n'est pas ici une affaire de complaisance, de facilité, d'acceptation de tous nos désirs ou de nos caprices, de résignation à une sorte de fatalité interne du type : « Je suis ainsi et je ne peux rien y changer. » C'est au contraire une affaire d'intelligence. Si nous ne partons pas de ce que nous éprouvons vraiment, nous ne pouvons qu'être à côté de nous-mêmes et les choses ne peuvent marcher longtemps ainsi, même si nous nous forçons. Nous ne pouvons tout de même pas nous forcer indéfiniment, nous ne pouvons longtemps refouler ce que nous ressentons, qui ne peut que remonter à la surface et rebondir d'autant plus violemment qu'il a été davantage contenu ou refoulé. Il nous faut donc être au plus près de ce que nous ressentons, même si cela ne correspond pas aux divers modèles proposés. Mais c'est justement parce que cela ne correspond pas aux modèles qu'il est si difficile d'être auprès de ce que nous ressentons et de nous laisser guider par sa lumière immanente. Nous luttons plutôt contre lui au nom des modèles auxquels nous tentons de nous conformer. Et si nous tentons de nous conformer, c'est au nom des avantages promis par les fameux modèles. La motivation qui nous fait suivre un modèle et refouler nos affects profonds est en effet égoïste, contrairement à ce que nous pourrions croire. En effet, le modèle nous promet un lot de gratifications. Il nous dit : « Si tu veux réussir ta vie, si tu veux être comme il faut, si tu veux être apprécié et aimé, suis-moi. » Mais la voie des affects profonds n'est pas nécessairement la plus facile. Elle peut impliquer d'être mal vu, mal jugé, mal aimé, marginalisé, rejeté. On suit un modèle au nom d'un certain profit escompté. Mais suivre l'affect profond ne peut qu'être mal compris, mal interprété, car l'affect profond ne correspond, lui, à aucun modèle, à aucun conformisme, à aucune respectabilité. Il a quelque chose de vitalement, de viscéralement vrai, alors que le modèle, en tant précisément que modèle, qu'image, qu'extériorité, a au contraire quelque chose d'irréductiblement faux. Le modèle est forcément à distance de la vie ou de l'intériorité, seul lieu d'une vérité vivante, proprement indicible, alors que toute mise en mots ou en extériorité introduit nécessairement la confusion et la fausseté. C'est dans la mesure où nous quittons la dimension de l'intériorité, c'est-à-dire la dimension de la vie ou de l'esprit, la dimension du corps phénoménologique, tel qu'il se révèle à lui-même ou qu'il se sent lui-même, ou la dimension du corps vivant, sentant, percevant, pensant — corps invisible ou intérieur —, et nous laissons happer par la dimension de l'extériorité, c'est-à-dire la dimension des images, des définitions, des descriptions, des explications, des consensus, des évidences ou des vérités en tant qu'elles font l'objet d'un discours, que nous devenons nécessairement ou transcendantalement faux — par-delà bien et mal, en dépit de nos bonnes intentions —, à savoir à côté de nous-mêmes, de ce que nous sommes, de ce que nous éprouvons, et que nous ne pouvons, en conséquence, qu'errer sous une forme ou sous une autre, être en conflit interne, être dans la confusion, agir à tort et à travers, faire en fin de compte plus de mal que de bien, non seulement à nous-mêmes, mais également aux autres. Certes, il n'est pas possible de demeurer dans la pure intériorité. Sans cesse nous sommes sollicités, provoqués par l'extérieur, sous la forme d'une image, d'une idée, d'une comparaison, etc. Mais nous pouvons être à l'affût de tout ce qui arrive, percevoir de l'intérieur tous les jeux et les conflits, de manière à demeurer toujours au plus près de ce qui se passe effectivement, au plus près du noyau vivant qui nous constitue, du pur rapport à soi comme auto-affect ou auto-éprouver. C'est en demeurant au plus près de ce noyau que nous pouvons goûter une qualité de vide ou de silence nous permettant de voir ou d'écouter — et d'agir ou de ne pas agir en conséquence. Il ne s'agit donc pas de prendre une position figée, mais d'être constamment inspiré par l'avènement ou l'événement vivant même. Cette inspiration est le souffle de l'esprit ou plutôt l'esprit comme souffle.

Au lieu de nous forcer à adopter telle attitude ou à épouser telle conclusion, laissons venir les choses, ne leur dictons pas d'avance ce qu'elles sont, apprenons du défi et de l'épreuve, n'adoptons pas d'emblée une position qui nous ferme et nous amène à commettre une action à tous égards prématurée, car ne découlant pas de la véritable nature des choses, telle qu'elle peut se déployer effectivement au fil des événements.

Pourquoi cherchons-nous ainsi à forcer le cours des événements, à imposer une position toute faite à ce cours, à avoir déjà une réponse avant même que la question soit posée — réponse s'adressant dès lors à une autre question, déjà posée? C'est que nous avons peur de l'inconnu, nous avons peur de ce flottement qui fait que nous ne savons qui nous sommes, ce que nous devons faire, ce qui va arriver, comment les autres, dans un tel flou ou une telle vacance, vont nous percevoir. Ne réagissons-nous pas ainsi de manière exemplaire face à la mort? Avant que celle-ci puisse nous dire d'elle-même ce qu'elle est, nous avons une multitude d'idées et d'images à son sujet, idées et images l'empêchant peut-être à jamais de nous révéler tout autre chose? N'est-ce pas là le sens à la fois profond et ironique de la phrase fameuse d'Héraclite: «Les hommes doivent s'attendre, morts, à des choses qu'ils n'espèrent ni n'imaginent»? Mais nous ne pouvons attendre, il nous faut devancer l'événement afin de le mettre en cage avant qu'il ne survienne. Nous avons peur de sa liberté, de son pouvoir de révélation et de remise en question de nos idées, de nos images, de nos espoirs, de nos désirs et de nos croyances. Dans la mesure où nous prétendons savoir, nous n'apprenons pas. Mais nous ne savons que ce que nous projetons à partir de ce que nous avons appris. Ce qui est encore à apprendre par contre, c'est le nouveau ou l'inconnu comme tel, en son surgissement ou son avènement. Rien ne peut nous dire d'avance ce qu'il est. Il nous faut d'abord le recevoir, nous ouvrir à lui. Remarquons que cet événement n'est pas qu'extérieur, qu'il est aussi intérieur, que c'est à nous-mêmes que nous sommes inconnus. Nous devons aussi nous ouvrir à ce qui se passe en nous, à ce qui arrive de lui-même au fil des instants ou des événements. Toute position forcée ou précipitée empêche l'émergence de ce qui est vivant ou nouveau. Demeurer dans l'ouverture, dans l'indétermination, dans l'indécision, dans l'incertitude est donc un art. C'est l'art d'apprendre, impliquant celui d'abandonner les acquis, les connaissances accumulées, les images, les désirs, les espoirs. Si nous tenons à une image de nous-mêmes, si nous voulons à tout prix, comme c'est trop souvent le cas, être aimés, nous sommes nécessairement amenés à forcer la note, à adopter des comportements sur mesure, à aller à contre-courant de ce que nous sommes et ressentons vraiment au fond de notre être et de notre devenir. Il nous faut donc abandonner toute image, si nous voulons apprendre, toute image aussi bien positive que négative. C'est au premier chef à l'endroit de nous-mêmes que nous devons dire avec Socrate: «Je ne sais pas.» Je ne sais pas qui je suis. Je ne sais pas ce que je veux. Mais je peux voir et m'ouvrir à ce qui arrive, demeurer au plus près des événements eux-mêmes, apprendre d'eux, me laisser guider par la réalité même au lieu de lui imposer une vérité qui la déforme et la paralyse, je puis m'avancer avec elle sur le chemin inconnu de la vie, m'avancer sans idées et sans images, ou en observant les idées et les images qui me traversent et me constituent, idées et images parfois contradictoires qui me poussent dans une direction puis dans une autre, je puis précisément apprendre sur le tas, sans tenter de violenter le processus, de l'ordonner de l'extérieur — ce qui ne peut provoquer qu'un plus grand désordre encore —, de lui imposer une position ou une conclusion qu'il ne peut, dans son mouvement même, que mettre à mal, exacerbant le conflit et la confusion. Or il s'agit pour moi de voir, peu importe ce qui arrive. Je ne suis pas préparé à le recevoir, je réagirai mal, mais j'apprendrai de mes mauvaises réactions, sans chercher à les rectifier ou à les corriger. Si les choses sont obscures et confuses, qu'elles s'éclairent d'elles-mêmes, qu'une sombre lumière émane de leur événement même. Ne tentons pas de les éclairer de force ou de l'extérieur, ne faisant ainsi qu'épaissir l'obscurité et que prolonger la confusion. Face à l'événement, nous sommes nus. Nous tentons de nous recouvrir d'idées, d'images, de croyances afin de nous protéger. Ce faisant, nous nous empêchons d'inventer ou de découvrir une réponse originale, inédite, nouvelle, inespérée, dépassant tout ce que nous pouvons imaginer. Nous nous enfermons dans le connu et nous nous fermons à la lumière étrange de l'inconnu. Or seule cette lumière, émanant des événements eux-mêmes en leur nouveauté, en ce qu'ils ont précisément d'inattendu ou d'inconnu, peut nous éclairer ou nous guider, une lumière qui ne se fait pas une fois pour toutes, qui ne se fige pas en une connaissance ou une conclusion, mais qui clignote, apparaissant et disparaissant au fil de ce qui est ou de ce qui arrive, comme dans la nature le jour succède à la nuit, et la nuit au jour.

34

L'art de vivre sans pourquoi

Vivre avec le fait, tel est le sommet de l'art de vivre. Nous pensons avoir besoin d'explications ou de raisons, même si nous admettons que celles-ci puissent être fausses. Mais n'est-ce pas là une affaire d'habitudes ? Peut-être pouvons-nous vivre mieux encore, plus légers et plus joyeux, si nous abandonnons nos causes et nos raisons pour faire face à l'inconnu ou au mystère. Pourquoi telle catastrophe survient-elle, tel accident arrive-t-il ? Les humains ont l'habitude de chercher des causes et des raisons, et les trouvent là où ils le peuvent, dans le destin d'une lignée ou d'une famille, dans une responsabilité ancestrale ou personnelle, celle d'une vie antérieure, dans la volonté de forces supérieures, voire dans la providence, bien énigmatique, d'un Dieu. Et si, en fin de compte, il n'y avait pas de raisons, s'il y avait tellement de causes diverses, superposées, enchevêtrées, entremêlées, qu'elles finissaient toutes par composer ce que nous entendons par « hasard » ? Nietzsche a bien montré que chaque fois qu'il y a souffrance, l'homme demande : « Pourquoi ? » Si l'homme ne se pose pas de questions quand il s'agit du plaisir, l'acceptant sans problème, il devient plus curieux quand il s'agit de souffrance. On comprend pourquoi. Or, ajoute Nietzsche, l'homme a pris l'habitude de chercher une réponse à son « pourquoi » en direction d'une responsabilité ou d'une faute. « Il doit y avoir une raison si je souffre » devient : « Il doit y avoir un responsable. » Est ainsi mis en branle le dangereux mécanisme du ressentiment et de la vengeance. Le coup de génie du christianisme, selon Nietzsche, est de désigner celui-là même qui souffre comme le responsable ou le « coupable ». De cette façon, la chaîne du ressentiment et de la vengeance est coupée à la source et toute l'énergie agressive est retournée contre le possesseur même de cette énergie : celle-ci se transmute en sentiment de culpabilité. Une telle mutation ne met pas fin à la souffrance, au contraire, elle la prolonge et l'aggrave. Du moins l'homme a-t-il une réponse à son « pourquoi ». Et comme le dit Nietzsche : mieux vaut une mauvaise réponse que pas de réponse du tout. Nous connaissons bien le schéma chrétien, lequel se retrouve d'ailleurs, sous d'autres formes, dans d'autres traditions. Ne retrouvons-nous pas en effet une explication ou un mécanisme semblable dans la tradition bouddhiste où les malheurs d'aujourd'hui sont imputés à une vie antérieure ? Chaque fois, on cherche une cause, une raison, et cette recherche a tendance à se faire en direction d'une responsabilité ou d'une culpabilité, même larvée. Ne touchons-nous pas ici un mécanisme du cerveau ou de la pensée ? L'humain a besoin de raisons, d'explications, les cherche et les invente, là où il espère les trouver. Aussi fausses ou illusoires soient-elles, ces raisons et ces explications le rassurent, satisfont son besoin ou son désir. Tout plutôt que le « sans raison » ou le « sans pourquoi » d'Angelius Silesius : « La rose est sans pourquoi, fleurit parce qu'elle fleurit, n'a souci d'elle-même, ne désire être vue. » Aussi sublime soit-elle, cette phrase demeure pour l'humain rigoureusement incompréhensible, désignant une réalité qui, aussi simple et naturelle soit-elle, relève pour lui de la dimension de l'impossible. Ce n'est pas pour rien que Heidegger a construit tout son livre *Le principe de raison* — principe s'énonçant ainsi : *Nihil est sine ratione* — autour de cette phrase fameuse. Si tout a une raison, la raison elle-même a-t-elle une raison ? Toute la pulsion de l'homme, tout son effort, le pousse en direction d'une explication ou d'une raison. Il y a d'abord pulsion, besoin ou désir, puis satisfaction par tous les moyens de cette pulsion, de ce besoin ou de ce désir. La réponse que l'homme apporte ne dépend-elle pas de la question qu'il pose, et cette question ne dépend-elle pas de tout un mécanisme que l'homme a de la difficulté à voir, car se trouvant trop près de son être même, tel qu'il a été constitué au cours de l'évolution et de l'histoire ? Une fois encore, c'est avec lui-même tel qu'il est que l'humain doit entrer en contact, c'est celui-là même qui pose la question qu'il doit comprendre. C'est en direction de celui-là même *qui voit* que le regard doit se porter, au lieu d'être littéralement aveuglé par ce *qui est vu*. Si l'homme entre en contact intense avec lui-même, peut-être peut-il aller au-delà de l'ordre des raisons et des explications pour vivre en contact direct avec l'inconnu ou le mystère, à savoir avec ce qui est sans raison ou sans pourquoi.

35

La pensée et les machines

La pensée a créé des machines de toutes sortes, véritables prothèses ou membres artificiels augmentant les puissances du corps, s'introduisant dans le corps, conférant à celui-ci un supplément, un surcroît, un surplus, une surhumanité, une survie. Emportée par un sentiment ou une volonté de puissance, la pensée domine le corps ou croit, ou veut, le dominer. Elle aimerait être elle-même à la source de la vie, tente en tout cas de la manipuler en ce qu'elle a de machinique. En fait, elle est d'abord un fragment du corps vivant, étant au service du corps entier. Mais un déséquilibre s'est produit, lié au développement excessif de la pensée. Celle-ci s'est en effet donné le pouvoir, elle s'imagine même distincte du corps sous la forme d'une âme, plus importante que le corps, celui-ci étant mortel, elle-même immortelle. Elle projette à la grandeur de l'univers une transcendance calquée sur sa propre extériorité vis-à-vis le corps. L'univers comme matière est créé et régi par une puissance éternelle, Dieu. Dieu n'est aux yeux de la pensée qu'une projection de l'ambition qu'elle caresse pour elle-même à l'endroit du corps. Il n'est rien d'autre qu'un fantasme découlant d'une volonté de puissance de la pensée elle-même. La pensée colore ainsi un monde à sa ressemblance. Mais ne se fait-elle pas illusion sur elle-même? A-t-elle le pouvoir qu'elle prétend avoir? Si le corps meurt, ne meurt-elle pas elle aussi en tant qu'elle n'est rien d'autre qu'un fragment du corps? Contrôle-t-elle vraiment le corps ou n'est-elle pas plutôt, sans le savoir, un effet ou un résultat de mécanismes complexes de celui-ci? Pourquoi la pensée pense-t-elle? Comment pense-t-elle? À partir de quelles pulsions et impulsions pense-t-elle? Comment s'explique tel ou tel contenu de la pensée à un moment donné?

Ne faut-il pas chercher l'explication du côté du corps, d'un état du corps, de son homéostasie, de son fonctionnement, de son rapport à l'environnement, de son alimentation, de sa respiration, des diverses agressions — notamment audiovisuelles — qu'il subit? Si le visage est si important, comme a tant insisté là-dessus Levinas, est-ce parce qu'il est le siège de l'esprit ou de l'âme, ou n'est-ce pas plutôt parce qu'il concentre un grand nombre de pouvoirs du corps, notamment quatre des cinq sens, et qu'il est le siège, non de l'âme divine ou immortelle, mais du cerveau animal et terrestre? À vouloir dominer comme elle le fait, à vouloir se trouver au-dessus de la mêlée, à se croire appartenir à un autre ordre que celui de la nature, la pensée aide-t-elle le corps vivant ou, au contraire, comme l'a bien vu Nietzsche en ce qui regarde l'histoire du christianisme, ne lui nuit-elle pas grandement, n'introduit-elle pas en lui un déséquilibre dangereux, accordant un pouvoir exagéré à un fragment au détriment des autres, mettant la puissance de la vie au service d'autre chose — qui ne peut dès lors qu'être une puissance mortifère —, au service d'une volonté, d'un désir, d'une idée, d'une idéologie, d'une croyance, d'une conviction, d'un idéal, d'une utopie? En prenant ainsi toute la place, la pensée occulte son rapport et sa subordination au corps. Elle écrase celui-ci, le forçant à se conformer à ses désirs, à ses volontés, à ses fantasmes et à ses injonctions. Le corps devient apparemment un instrument de la pensée, bien que celle-ci continue, en sous-main, à être déterminée par le corps entier, à la fois visible et invisible, conscient et inconscient, connu et inconnu, physique et psychique. Spinoza l'a bien dit: on ne sait pas ce qu'est un corps, on ne sait pas de quoi un corps est capable. Comment dès lors invoquer une âme ou un esprit réellement distinct du corps? De même, on ne sait pas ce qu'est la nature. Comment invoquer de manière précipitée et irréfléchie, comme ce fut souvent le cas, un ordre surnaturel? Il y a donc le corps, complexe, fonctionnant en grande partie tout seul, le cœur battant, les poumons respirant sans l'aide de la conscience, de la volonté ou de la pensée. Il y a le corps ayant faim, soif, froid ou chaud, le corps éprouvant des pulsions sexuelles. La pensée est un effet ou un résultat d'un corps qui la dépasse et lui échappe. Elle ne vient qu'ensuite, une fois que le corps est né et qu'il est déjà en mouvement. Il y a la pensée rudimentaire, qui s'élabore peu à peu. Cela est vrai aussi bien à l'échelle de l'évolution de l'humanité qu'à celle de l'évolution individuelle. Le moi se structure peu à peu à partir du mouvement de la pensée, lui-même mis en branle à partir du mouvement du corps entier. À un moment donné, la pensée et le moi touchent un sommet dans leur développement. C'est alors qu'ils se détachent ou plutôt qu'ils ont l'impression de se détacher du reste du corps, constituant un empire dans un empire, habités par une volonté de puissance et de contrôle qui n'a cependant pas les moyens de son ambition. La pensée intervient à tort et à travers, tente de contrôler cela même par quoi elle est au contraire conditionnée et manipulée. Elle impose ses idées et ses images au corps, quitte à ce que celui-ci prenne sa revanche par des moyens détournés, et cela jusqu'au cœur même de la pensée et du moi, qui se trouvent ainsi rattrapés au sein de leur forteresse par l'ennemi qu'ils croyaient à tort avoir réduit à l'impuissance. Si le corps est vaincu et réduit à l'impuissance, c'est la pensée elle-même qui est atteinte, puisqu'elle coupe ainsi sa propre ligne d'alimentation et d'oxygène. Si la pensée brusque et maltraite le corps, elle épuise sa propre source d'énergie. N'est-ce d'ailleurs pas ce qu'elle fait avec la terre elle-même, tarissant ainsi, par une volonté de puissance devenue délirante, sa propre source de vie ? La pensée est pleine d'orgueil, mais cet orgueil finit par se retourner contre elle. Plus haut elle se juche, plus bas elle tombe. Plus puissante elle se croit, plus douloureusement elle fait l'expérience de sa faiblesse. La pensée n'est pas au-dessus du corps ; elle ne le domine pas. Elle est un morceau du corps, même si c'est un morceau important ; elle est au service du corps ; si le corps est meurtri, négligé, déprimé, elle est atteinte au cœur, si le corps meurt, elle meurt elle aussi. Il y a le corps entier, complexe, subtil, en mouvement et en changement, dépendant de forces multiples sur lesquelles la pensée n'a aucun pouvoir, plus encore, dont son contenu n'est que l'effet, le produit ou le résultat. Il nous faut voir l'essentielle subordination de la pensée au corps. Remarquons que le corps dont il est ici question n'est pas celui imaginé par la pensée lorsqu'elle se croit distincte de lui, à l'intérieur du fameux dualisme corps-âme — ou étendue-pensée, selon les termes de la philosophie classique. Le corps est l'être entier, incluant la pensée, l'âme ou l'esprit. Il dépasse donc la faculté de connaître, puisqu'il est non seulement ce qui est connu, mais également ce qui connaît. La connaissance en effet ne s'exerce qu'au sein du dualisme sujet-objet, qui n'est qu'une variante du dualisme âme-corps. La valeur de la connaissance dépend de ce dualisme. Ce qui dépasse ce dualisme dépasse également la connaissance. Le corps par conséquent, à savoir le corps entier ou le corps vivant, se saisit ou se perçoit de l'intérieur. C'est par une vision ou une saisie pénétrante et instantanée, vision ou saisie immanente, que la relation de la pensée au reste du corps est perçue. La pensée doit se faire modeste, saisir ses limites de manière à ne pas créer de faux problèmes, à ne pas provoquer le chaos par des interventions intempestives ou inappropriées. La pensée doit prendre sa place limitée et relative et ne pas chercher à intervenir là où elle ne peut que produire le désordre et la souffrance. Quoi qu'elle veuille, quoi qu'elle désire, quoi qu'elle fantasme, la pensée demeure subordonnée au corps qu'elle ne comprend ni ne contrôle, qui lui-même demeure subordonné à l'environnement terrestre — la terre sur laquelle les pieds se posent, l'air que les poumons respirent, la nourriture que l'estomac ingère… La terre elle-même demeure liée à la lune, au soleil, aux planètes, qui se trouvent liés à d'autres soleils, à d'autres galaxies. Concrètement, la pensée se donne un pouvoir qu'elle n'a pas. C'est là qu'elle rencontre la défaite et qu'elle produit des souffrances inutiles. Si elle se tait ou se calme, si elle abandonne sa volonté de puissance, le corps entier, animal, terrestre, inconnu, mystérieux, passe à l'avant-plan, déployant une intelligence dont la pensée, livrée à elle-même, est dépourvue.

La machine, ou l'outil, ne fait que prolonger la pensée. Elle établit un lien impliquant une médiation ou une distance. Comme la pensée, elle s'interpose entre le corps vivant et la réalité. Elle établit, ce faisant, le dualisme entre le sujet et l'objet. Par exemple, si quelqu'un pointe une arme et tire en direction d'un autre homme ou d'un animal, ce n'est qu'en partie lui qui blesse ou qui tue. L'arme en effet coupe l'homme qui agit d'une partie de son action. Quel est le lien entre appuyer le doigt sur une gâchette et blesser ou tuer? Ce lien est abstrait. Il est établi par l'arme en tant qu'outil ou que machine interposée. La machine est responsable d'une partie de l'action commise. C'est elle qui tire, l'homme n'étant que l'occasion de la décharge. C'est l'arme qui blesse ou qui tue, l'homme n'étant que l'adjuvant permettant à l'arme de fonctionner. L'homme n'est qu'un rouage d'une machine plus ample, même si cette machine n'est elle-même qu'un produit ou qu'un rouage de la machine de la pensée. De la même façon et à un niveau plus fondamental, la pensée nous coupe de nos actions, de nos émotions, de nos perceptions. Sous son égide, nous sommes présents et absents. C'est nous et ce n'est pas nous. Cela nous arrive et arrive à un autre. Nous sommes à la fois l'acteur et le spectateur de notre action ou de notre passion. Même si nous subissons une terrible épreuve, une partie de nous demeure au spectacle de cette épreuve, comme si celle-ci arrivait à un autre. La pensée, à l'intérieur de nous, crée une distance intrinsèque, comme fait la machine à l'extérieur de nous. Elle est déjà extériorité et extériorisation au sein du corps vivant. Elle est déjà machine de distanciation. La machine extérieure ne fait que prolonger cette fonction, contribuant elle aussi à notre absence ou à l'étrange mélange de présence et d'absence qui nous caractérise. C'est comme si la machine prenait une partie de notre place, permettant à la partie correspondante de notre être de s'absenter. Elle est notre lieutenant,

tenant lieu de nous, alors que nous rêvassons, nous souvenons ou nous projetons dans le futur. La présence de la machine nous permet de nous absenter. En réalité, nous n'avons pas nécessairement besoin d'une machine particulière pour nous absenter, car la machine interne de la pensée produit déjà cette absence. C'est un fait remarquable cependant que la pensée crée nécessairement des machines ou des outils comme un prolongement d'elle-même, et cela dès le début de son histoire. Les machines sont créées à son image. La pensée est en ce sens le véritable Dieu. Même le Dieu extérieur créé l'est également à l'image de la pensée. Lui aussi implique une distance intrinsèque, marque de sa transcendance. Il n'est qu'une Pensée toute-puissante ou l'image fantasmatique que la pensée a d'elle-même. La pensée imagine de même pouvoir résoudre tous les problèmes à l'aide de machines. Dans notre monde moderne, la machine a remplacé Dieu. C'est maintenant grâce à la machine que la pensée étend son pouvoir de contrôle et de maîtrise. Mais en même temps qu'un tel pouvoir s'étend — que ce soit d'ailleurs par l'entremise de Dieu ou de la machine —, la vie, elle, est blessée, meurtrie, affaiblie, mise à mal, extériorisée ou objectivée, littéralement tuée, si ce n'est toujours physiquement, du moins spirituellement, affectivement, quant à ses pouvoirs de percevoir ou de sentir directement, sans intermédiaire ou sans médiation. La pensée blesse et tue la vie sans s'en apercevoir, en s'imaginant au contraire se porter à son secours. Un certain cinéma de la trahison infinie — nommément le cinéma américain — ne nous apprend-il pas à nous méfier de celui-là même qui prétend nous aider ? Le traître se trouve dans la demeure, là où on ne pensait pas le chercher. Bien sûr, la pensée aide la vie à plusieurs égards, quand il s'agit notamment d'en réparer des mécanismes défectueux. La vie, en effet, est aussi matière. Elle aussi a un aspect machinique. Cet aspect cependant ne définit pas la vie comme telle. Ce qui définit la vie comme telle, c'est le rapport immédiat à soi, aux autres et au monde. C'est en un mot l'ordre du sentir ou de l'affect. La vie en son cœur est présence. C'est même la seule chose qui est vraiment présente, toutes les autres choses n'étant présentes à leur tour qu'à une vie. Cette présence est contact. La pensée et la machine établissent un contact, mais un contact fait de distance et, par conséquent, d'absence. Elles sont des instruments de la vie. Là où le bât blesse, c'est lorsque leur volonté de puissance les amène à se subordonner la vie, à la conditionner, la manipuler, la contrôler. Un déséquilibre entre les forces se crée alors. La source, à savoir la vie, est subordonnée à l'effet ou à la fonction, à savoir la pensée ou la machine. Quelque chose de malsain est alors introduit au cœur de la vie. Celle-ci perd son pivot ou son ancrage.

Elle est mise à l'extérieur d'elle-même — dans les idées, les images, les connaissances, les croyances, les objets, les machines —, un extérieur où elle ne peut qu'errer, à la poursuite d'une vérité qui ne cesse de se dérober, cherchant celle-ci au loin, alors qu'elle se trouve en elle-même, dans son rapport immédiat à soi, dans une certaine qualité de présence, d'attention ou de contact, qualité précisément mise à mal par la domination de la pensée ainsi que de ses nombreux clones et produits. Sous la domination de la pensée, la vie est confuse. C'est uniquement dans sa présence à elle-même qu'elle trouve sa propre lumière. La pensée aide la vie et lui nuit. C'est une affaire de dosage, de limite et de frontière. Elle doit continuer à aider la vie, à se mettre au service de la seule puissance suprême, celle de vivre ou de sentir, d'être en contact intense avec ce qui est ou ce qui arrive, en nous, chez les autres et dans le monde.

36

L'âme et le corps

Platon est parvenu de manière magistrale à décrire une structure profonde de la pensée. Cependant, il ne se rend pas compte qu'il s'agit de la pensée et il élève sa description à la grandeur de la réalité. Avec Platon, c'est la volonté de puissance de la pensée qui s'exprime de manière systématique pour la première fois. La réalité serait soumise à des Idées ou à des Idéaux. Ces Idées ou ces Idéaux qui appartiennent à la sphère de la pensée, Platon les projette dans une réalité supérieure, qu'il qualifie d'intelligible. Les réalités empiriques, quant à elles, ne sont que des copies des Idées-modèles. La philosophie platonicienne aura sur l'humanité une immense influence. Nous-mêmes n'en sommes pas encore libérés, quoi qu'en aient pensé certains philosophes, tellement le platonisme correspond à une illusion transcendantale de la pensée, c'est-à-dire une illusion que la pensée entretient sur elle-même — sur ses pouvoirs et ses limites — dès qu'elle se met en branle. En fait, alors que l'idée — avec ou sans majuscule — est une limite intrinsèque à la pensée, elle est prise dans le platonisme comme un pouvoir absolu, illimité. Elle ne désigne rien de moins que la perfection de ce qui est — le modèle à partir duquel ce qui est a été créé —, que l'idéal à atteindre, que l'aune à partir de laquelle mesurer ou comparer toutes choses. Les peintres — nous pensons ici au premier chef à Raphaël — tenteront, dans le sillage platonicien, d'embellir, de spiritualiser, d'idéaliser la réalité empirique, en un mot de peindre l'Idée. Même la peinture, pourtant vouée à célébrer la chair, le corps, la beauté concrète et sensible du monde, sera contaminée par le platonisme. L'Idée pointe en direction d'une âme séparée du corps. L'âme est celle qui a un accès direct au monde des Idées. Mais l'âme ne se sépare du corps qu'en dévalorisant, méprisant, écrasant celui-ci, ainsi que tout ce qui le constitue. La sexualité, notamment, est regardée de haut par une âme ou un esprit pur. La lutte fratricide et sans issue entre l'âme et le corps est une héritière du platonisme. Elle se déroule quand la pensée se prend pour la norme ou le modèle, quand sa volonté de puissance l'amène à couper les liens avec le corps et avec la nature, quand elle renverse la hiérarchie des choses, faisant de ses limites des critères, de ses lacunes des modèles, de ses impossibilités des normes. La pensée projette son illusion ou son aveuglement à la grandeur du monde. Ce monde ne fait plus que refléter sa structure. Il n'est plus que le fruit de son illusion transcendantale. À partir de Platon, la pensée coupe ses liens avec le corps et prétend jouir, à l'instar des Idées, d'une complète indépendance. Les conséquences d'une telle illusion ne sont pas qu'intellectuelles. Elles concernent tout le mauvais sort jeté sur le corps, les conflits insolubles dans lesquels, à la suite du christianisme — lui aussi tellement influencé par Platon —, l'humanité s'est jetée. C'est la vision du monde et de l'homme qui est en jeu dans cette volonté de puissance de la pensée. C'est de l'homme et de la réalité que la pensée tente d'avoir le contrôle. Elle ne peut qu'écraser tout ce qui n'est pas elle, dans quoi pourtant elle ne peut manquer de s'enraciner. Il y a là un comportement autodestructeur, voire suicidaire, dont l'humanité est loin d'être sortie. Tout cela, est-ce la faute de Platon? Non, pas plus que celle du christianisme. Ces idéologies ou ces philosophies n'ont fait que donner leurs lettres de noblesse à une tendance inhérente au fonctionnement et à l'évolution de la pensée. Elles ont bien sûr en retour contribué à ce fonctionnement et à cette évolution, mais elles n'ont pu acquérir leur place et leur notoriété que parce qu'elles mettaient le doigt sur une structure profonde de la pensée.

Le corps instinctif, pulsionnel a sa propre intelligence immanente ou naturelle. Il s'inscrit dans un tout que l'on ne peut ni comprendre ni expliquer, mais seulement constater. Le corps est relié par toutes ses fibres à l'air, à l'eau, au feu et à la terre. La pensée cependant — celle-là même qui est devenue l'âme quand elle a atteint un tel degré d'évolution qu'elle a acquis une espèce d'autonomie au point de renverser le rapport de causalité, se projetant, sous la forme d'un Dieu ou d'une Idée, à la source ou à l'origine de tous les corps —, la pensée, quand elle connaît un surdéveloppement, pose problème. C'est elle par conséquent qu'il faut observer attentivement, car c'est elle qui a constitué la subjectivité moderne, qui a mis en honneur la dimension de la distance et de l'extériorité, qui a créé l'univers des machines, si déterminant pour la qualité actuelle de la vie. Remarquons que ce n'est pas l'univers des machines comme tel qui fait problème, ce n'est pas la technique ou la technologie en tant que telle qui soulève des questions, mais c'est toujours et uniquement le rôle et la nature de la pensée. Aucune régression n'est possible. Il est stérile de rêver à un quelconque Âge d'or, qui n'existe d'ailleurs que comme une image ou un fantasme de la pensée. C'est la pensée qui, constatant combien elle s'est coupée de la réalité ou de la vie, fantasme un moment d'innocence ou de grâce où elle faisait corps avec la nature dont elle est née. Il s'agit là d'un fantasme, puisque la pensée ne peut jamais faire corps, créant au contraire la distance ou la séparation, s'inscrivant dans un essentiel dualisme sujet-objet, la distance ou la séparation étant constitutive de l'être ou du fonctionnement de la pensée. Il s'agit d'ailleurs du même fantasme que caresse la pensée lorsqu'elle se projette dans un impossible futur où elle connaîtra enfin le bonheur parfait, la sagesse ou la sainteté parfaite, le calme ou le repos parfait. C'est précisément parce qu'elle ne peut pas connaître cela qu'elle en fait la projection ou le rêve. Nous sommes donc pris de nouveau dans les rets de la pensée, assujettis aux règles de son mécanisme, nous débattant à l'intérieur de ses limites — «nous» et pensée ne faisant qu'un. Ce n'est donc pas le corps comme fragment de la nature qui fait problème, mais la pensée devenue impérialiste et prétendant se trouver au-dessus de la nature, se permettant ainsi d'intervenir dans tous les sens, guidée par une intelligence confuse et obscure, se trompant souvent, pleine de bonnes intentions, mais faisant, tout compte fait, plus de mal que de bien. La pensée est multiple, déchirée, contradictoire, en guerre avec elle-même, habile, retorse, tendre et cruelle, sentimentale et indifférente, sincère et fausse, ayant plusieurs intentions à la fois, caressant plusieurs images, partageant plusieurs idées, au gré des points de vue partiels et changeants. Le corps éprouve un besoin, mais c'est la pensée qui désire et qui alimente son désir au manque et à la frustration. Le corps éprouve de la douleur, mais c'est la pensée qui souffre et fait souffrir. Le corps jouit, mais c'est la pensée qui entretient le plaisir jusqu'à la souffrance. Le corps voit, mais c'est la pensée qui demeure enfermée dans ses préjugés, ses croyances et ses illusions. Le corps naît, se nourrit, vieillit, meurt, mais c'est la pensée qui panique à l'idée de disparaître, qui tente de construire des tours de Babel afin de prendre d'assaut ce qui la dépasse, qui essaie de tout recouvrir, détruisant de ce fait le sacré, qui s'enferme dans ses croyances et ses fantasmes et, au nom de ceux-ci, est prête à tuer et à mourir. C'est la pensée enfermée en elle-même, déconnectée du corps, de la vie et de la terre, qui imagine une autre vie, débarrassée de tout ce qui est mortel, par conséquent de tout ce qui est vivant — autre vie purement spirituelle, intelligible, vie de la pure Idée, de la pure âme ou du pur esprit. Ce faisant, la pensée cherche la solution au problème dans la direction même de celui-ci, en le prolongeant, en l'exacerbant, en se rendant plus indépendante encore du corps et de la nature, plus fantasque et plus prétentieuse encore, plus dominatrice, voire hégémonique, par conséquent plus dangereuse, plus confuse, moins à l'écoute de ce qui la dépasse et de ce dont elle fait partie, plus en conflit avec la vie, avec le corps, avec la terre, avec elle-même. Ce n'est pas en effet en direction d'une exaspération de la pensée qu'une solution vivante peut être trouvée, mais d'une observation de la pensée par l'intelligence du corps entier, de manière que la pensée se résorbe d'elle-même, naturellement et sans effort. La pensée doit se faire plus modeste, plus discrète, plus calme afin que les pouvoirs du corps et de la vie soient libérés et que le corps et la vie puissent, à l'instar des planètes, baigner librement, simplement et joyeusement dans l'inconnu ou le mystère. Il est illusoire d'attendre la solution aux problèmes vitaux du côté d'une progression ou d'une évolution de la pensée, puisque c'est au contraire celle-ci qui crée ces problèmes. Seule l'observation attentive — tel un jeu ou une passion — des mouvements de la pensée trace dans la chair vive la voie d'une réelle solution.

37
Les images

Le contact se fait plus facilement avec l'idée ou avec l'image qu'avec la réalité inconnue, imprévisible, changeante, ne correspondant à aucun modèle, ne répondant à aucune attente. Si la réalité passe, l'image reste. Celle-ci est plus intéressante, plus excitante, précisément parce qu'elle est fabriquée sur mesure, qu'elle a pour fonction de satisfaire un désir, de répondre à une attente. Elle répond notamment, par sa fixité, sa reproduction ou sa répétition, au désir de sécurité, de stabilité, de permanence. La réalité est mouvante, changeante, mais l'humain veut quelque chose de stable, de fixe, quelque chose qui défie le temps, qui ne passe pas, qui reste identique à lui-même. Comme il ne le trouve pas dans le réel, il le cherche du côté des idées et des images. Nous l'avons vu, cela commence très tôt, dès l'aube de la philosophie, les Idées platoniciennes sont des phares ou des soleils artificiels et immobiles au milieu de l'obscurité et de la lumière changeantes des jours et des nuits, des aubes et des crépuscules, des ciels parfois couverts de nuages, parfois dégagés. Elles sont des points fixes au milieu du devenir ou du changement universel. Le philosophe s'y accroche d'autant plus que la réalité changeante, mouvante les contredit. Mais que faire de cette réalité en devenir ? Comment la fixer, la figer dans une idée, une loi, un nombre, une explication ? L'astuce est de renverser la relation. L'idée est première — la norme, la forme, le modèle, le prototype —, la réalité est seconde, inférieure, une copie imparfaite. Cependant, le philosophe a beau se figer sur son idée, la réalité, quant à elle, passe et change, emportant avec elle le philosophe et ses idées fixes…

Mais il n'y a pas que le philosophe pour préférer l'idée ou l'image au réel changeant, temporel, temporaire, évanescent. Certaines personnes préfèrent les livres à la vie, les personnages fictifs aux êtres vivants, les descriptions de lieux aux lieux mêmes. D'autres encore, parfois les mêmes, préfèrent s'entourer d'images cinématographiques, vidéo, numériques, photographiques. Ici aussi, l'image d'un lieu est plus rassurante que le lieu lui-même. Cela n'explique-t-il pas l'usage touristique massif de la photographie ? Que faire, comment réagir, comment agir ou ne pas agir devant un lieu grandiose, devant un superbe monument, devant un paysage sublime ? N'est-il pas moins compliqué d'en prendre la photo, d'en figer ou d'en fixer la réalité ou la vie, la reproduction inerte se laissant plus facilement manipuler, stocker, classer, mettre en boîte ? Puisque nous ne savons pas voir de manière vivante, puisque la fuite de toutes choses nous effraie, la réalité nous coulant entre les doigts, nous laissant toujours les mains vides, la photo nous rassure et nous console. Elle nous permet de conserver, d'accumuler, de thésauriser. Ce faisant, elle nous donne l'impression d'être nous-mêmes, d'être *quelqu'un*, d'être nous-mêmes fixes, nous-mêmes identiques, échappant ainsi au devenir ou au changement universel. Peine perdue cependant, car il nous suffit de regarder une photo pour être saisis par le sentiment poignant du passage du temps. En figeant l'instant présent, en le transformant en passé, la photo nous montre combien le temps passe vite, combien la vie est éphémère. C'était hier et pourtant tout cela n'est plus ! Il y a quelque chose de mélancolique, voire de funèbre, qui émane de toute photographie. Toute photographie est la trace d'une absence. C'est parce qu'elle a réussi à capturer l'actuel et le présent, du moins une facette, que la photographie est maintenant devenue la trace d'une absence. La pensée ne peut saisir le présent, tiraillée qu'elle est entre le passé d'où elle vient et le futur où elle se projette. La pensée confie donc à l'art, et notamment à l'art photographique, le soin d'accomplir ce dont elle est elle-même incapable. Cependant, la photographie ne dépasse pas réellement les limites de la pensée. Le présent qu'elle saisit est immédiatement rendu absent et il est dès lors tourné vers le futur, dans l'élusion du présent vivant, trop vivant pour être saisi. La photo peut même devenir semblable à l'idée. Puisqu'elle semble jouir d'une sorte de permanence ou d'extériorité, d'objectivité, de copie elle devient le modèle, la norme ou l'archétype à l'aune duquel le réel vivant et changeant sera mesuré et évalué, celui-ci devenant de ce fait inférieur et subordonné à l'Idée ou à l'Image. L'Idée ou l'Image devient la norme, le modèle, l'idéal. Elle appartient même à une autre dimension, à une espèce d'arrière-monde, intelligible ou imaginaire. Le réel sera dit plus ou moins conforme, plus ou moins ressemblant, plus ou moins beau en comparaison de l'Image ou de l'Idée de la beauté, plus ou moins bon en comparaison de l'Image ou de l'Idée du bien, plus ou moins juste en comparaison de l'Image ou de l'Idée de la justice, etc. C'est le renversement idéaliste, tel que produit à l'origine par Platon et qui se continue sous d'autres formes. La reproduction, la représentation, l'image ou l'idée se détache, acquiert son autonomie, se met au-dessus de la mêlée, occupe une position de transcendance, s'institue comme norme ou juge du réel.

Quoi qu'il en soit, le rapport à l'image semble plus facile que le rapport à la réalité ou à la vie. Beaucoup d'humains aujourd'hui n'entrent pratiquement plus en contact avec le monde de manière heureuse et harmonieuse que par la médiation de l'écran de télévision. Cet écran les protège, les maintient dans leur bulle, caresse leur désir, ne les heurte pas, les flatte et les distrait, leur donne l'impression d'avoir le contrôle, ne fût-ce que sur la télécommande… Un même sentiment de maîtrise ou de contrôle n'explique-t-il pas l'engouement pour l'internet? Peu importe que cette impression soit fallacieuse, l'image est rassurante en dépit du fait qu'elle est fausse, mieux encore parce qu'elle est fausse. L'image, comme l'idée, comme la croyance, nous renvoie le reflet de notre désir. La réalité, quant à elle, est tout autre, ne cessant de couler ou de changer, inconnue, imprévisible, irreprésentable. Elle ne correspond pas à nos désirs. L'humain n'est qu'un fragment minuscule de la réalité infinie. À cet égard, toutes les religions du monde sont des systèmes d'images répondant aux aspirations, aux angoisses et aux attentes humaines. Elles placent l'homme au centre du monde ou de la nature. Alors même qu'elles peuvent prêcher l'amour du prochain et la compassion, elles sont toutes des produits de l'égocentrisme et du narcissisme humains. Certaines attitudes face à la science et à la technologie ne sont-elles pas des prolongements modernes, laïques d'anciennes attitudes religieuses? Alors que les humains ont tendance à se prendre pour le nombril du monde, les animaux, quant à eux, sont des fragments du monde. Ils ne se prennent pas pour d'autres. Ils n'ont pas besoin de consolation. Ils n'ont pas de religion, pas d'immortalité et pas de réincarnation. Ils n'ont que cette vie mortelle, sur cette terre et dans leur corps. Ils n'ont pas besoin de raison, de justification, pas besoin de comprendre ou d'expliquer. Il n'est pas question pour les humains de faire *comme* les animaux. L'enjeu cependant est d'apprendre des animaux. Ceux-ci sont nos frères dans la vie, habitant la même terre, incarnés pour l'essentiel dans un corps semblable au nôtre. Cependant, ce qui est tout naturel pour les animaux, les humains doivent le conquérir. Le silence inhérent à la vie animale a été recouvert chez les humains par le bruit et la fureur des mots, des cris, des sons de toutes sortes, le bruit et la fureur des idées, des croyances, des convictions, le bruit et la fureur des images multipliées à l'infini, images manipulées, retouchées, trafiquées, auto-engendrées — images de synthèse, images comme simulacres et simulations —, manipulant à leur tour l'humain dans les fibres les plus profondes de son être, créant et guidant son désir, son savoir, sa foi, influençant ses actions. L'homme ou la femme qui se met à l'école silencieuse des animaux est convié à tout un processus de dépouillement. Si l'humain ne touche pas de nouveau à une certaine innocence, à un certain calme plus puissant que le bruit et la fureur, il ne peut que se détruire lui-même, sa prétendue supériorité se renversant brutalement, ce qui le rendait à ses propres yeux supérieur aux animaux, à savoir sa conscience, sa pensée, sa raison, s'avérant paradoxalement un empêchement de vivre — l'empêchant d'être en contact avec lui-même et avec les autres, avec les bêtes, les pierres, les montagnes, les cours d'eau, le soleil, la lune, les étoiles.

38
La nature et l'anthropomorphisme

Devant l'extrême diversité, l'extraordinaire organisation, l'indescriptible splendeur de la nature, plusieurs s'exclament qu'il faut qu'il y ait un Dieu ou une intelligence supérieure, tout cela ne pouvant s'expliquer autrement. Mais le Dieu dont il est question, doté d'une intelligence, sans doute aussi d'une volonté et de sentiments, est anthropomorphique, c'est-à-dire construit ou imaginé sur le modèle de l'homme. Or, compte tenu de la façon dont l'homme utilise son intelligence, ne faut-il pas s'exclamer au contraire que, précisément parce qu'il y a une telle diversité, une telle organisation et une telle splendeur de la nature, il ne peut pas y avoir de Dieu comme entité anthropomorphique? Les choses doivent se passer tout autrement et sans doute ne nous est-il pas possible d'en parler, sinon en prêtant forcément à la nature des traits anthropomorphiques. Le seul fait de parler est humain. Tous les mots sont pris dans un système de connotations et de renvois humains. Ils sont des résonances de l'histoire, de la nature et de la structure de l'humain. Ils renvoient forcément à une dimension humaine — et les mots «univers», «nature» et «Dieu» ne font pas exception. Tout de même, peut-être pouvons-nous tordre le langage, l'étirer ou le tendre, le faire crier ou crisser, le faire varier ou tanguer, le forer ou le creuser de manière à lui faire rendre ce qu'il ne peut rendre habituellement, à le retourner de telle sorte qu'il montre son envers, qu'il soit confronté à sa limite ou à son dehors. N'est-ce pas là la tâche de toute parole créatrice, qu'elle soit poétique ou philosophique? Le résultat est peut-être un échec, mais l'important est l'essai même. N'est-ce pas là le sens fort du mot *essai* — ce d'ailleurs pourquoi celui-ci, beaucoup plus qu'un genre, est la caractéristique profonde de toute parole? De toute façon, le résultat ne peut être qu'un échec, puisqu'il s'agit, par la parole, de pointer du doigt ce qui échappe aux mots. Tout ce qui est nommé est intégré dans la sphère du connu et du familier. Or, c'est l'inconnu radical dont il est question. Mais le mot «inconnu», lui aussi, renvoie au connu et au familier. On ne peut que mal dire. La nature n'est pas un être, une entité, ni un être vivant, ni un humain supérieur sous la forme d'un Dieu. Elle est pur mystère. Elle s'auto-organise, sans raison et sans finalité. Elle est pure puissance sans cause et sans but. Elle est processus de création ou d'invention, se créant au fur et à mesure, sans plan et sans visée. Si nous pouvons parler d'intelligence, c'est au sens d'une intelligence immanente, ne faisant qu'un avec le processus même de création en quoi consiste la nature. Cette intelligence s'exerce dans une espèce d'intemporalité ou dans une immédiateté qui n'a rien à voir avec l'instant ou avec le présent. Les catégories de passé, de présent et de futur, en effet, n'ont de sens que pour une conscience ou une intelligence humaine, en tant que celle-ci n'est pas immanente, mais jouit d'un statut d'extériorité ou de transcendance à l'endroit de ce qui est ou de ce qui a lieu. Or, si intelligence de la nature il y a, elle ne fait qu'un avec la nature ou avec l'«il y a». Aucune personne, aucune personnalité, aucune entité supérieure, aucune divinité là-dedans. C'est précisément là le mystère, qu'il n'y ait pas de Dieu pour actionner ou soutenir la nature, que celle-ci soit en elle-même, c'est-à-dire en son processus de création ou d'invention, divine ou sacrée. Pur et éblouissant «il y a», sans cause, sans raison, sans finalité, sans but, se trouvant en deçà de tout sens et de toute absurdité, de tout bien et de tout mal, en fait en deçà de tout dualisme, échappant par conséquent à l'intelligence humaine, dans la mesure où celle-ci est limitée par la pensée, par le langage et par tous les dualismes inhérents à la pensée et au langage. Cependant, bien qu'il ne puisse le mettre en mots, l'homme a accès par une vision silencieuse au pur inconnu ou au pur mystère de l'«il y a». Cet accès est suffisant pour le rendre à tout jamais étranger à toutes les formes d'anthropomorphisme, à toutes les prétentions de comprendre ou d'expliquer, qu'elles émanent des religions, des philosophies ou des sciences. Par cet accès, l'homme est confronté au silence ou au rien, seule façon de respecter l'inconnu ou le mystère, de ne pas le trahir ou travestir. Par le silence ou par le vide, l'homme touche l'inconnu à l'état pur. C'est cet inconnu, ce tout autre de l'humain — de la pensée ou du langage —, qui est à la source de l'extrême diversité, de l'extraordinaire organisation, de l'indescriptible splendeur de la nature.

39
Métaphore divine et métaphore scientifique

Les religions sont prises dans une structure idéaliste. Elles prétendent se fonder sur une parole de Dieu consignée dans un livre sacré — Torah, Coran ou Évangiles. Cette parole de Dieu, à l'instar des Idées platoniciennes, règne dans un ciel idéal ou spirituel. Elle est antérieure à la nature, celle-ci lui étant a priori subordonnée. Il s'agit en fait d'une parole éternelle, bien que les mots précis n'aient été transcrits dans une langue particulière qu'à un moment donné de l'histoire humaine. Cette parole, puisqu'elle émane de Dieu, est porteuse de la Vérité, du Bien et de la Justice. Certes, la parole religieuse induit des comportements d'obéissance que n'induit pas généralement la parole philosophique. Celle-ci en appelle, en effet, à la connaissance alors que celle-là en appelle plutôt à la croyance. Alors que la parole philosophique découle de la raison, la parole religieuse découle de la Révélation. Dieu lui-même se serait fait entendre. Sa parole est par conséquent indiscutable, contrairement à celle du philosophe. La parole du philosophe n'est valable que dans la mesure où elle est conforme à la vérité. C'est à la raison de chacun de vérifier cette conformité. La parole de Dieu, de son côté, est invérifiable, infalsifiable, puisque c'est elle qui dit ou définit la vérité. À proprement parler, Dieu ne dit pas ce qui est vrai, mais cela est vrai parce que Dieu le dit. C'est la parole même de Dieu qui crée le Bien et la Justice. Elle est Loi suprême. Comme l'a vu Nietzsche, il en découle beaucoup d'effets néfastes pour l'intelligence humaine. Même la chose la plus absurde en effet, la plus arbitraire, si elle émane de la parole de Dieu, nécessite l'obéissance aveugle. Dans la logique de la parole de Dieu, il faut obéir, même si l'ordre, le commandement ou la loi est contre nature. La nature, en effet, n'est rien en regard de Dieu et de sa Parole. Mais dès lors, il n'y a plus moyen pour les hommes de se fier à leur sensibilité, à leur perception, à leur intelligence. La porte est grande ouverte pour le règne de l'arbitraire. En fait, une telle structure de croyance et d'obéissance conforte les pouvoirs en place. Elle jette un voile pieux sur les usurpations, les coups de main, les actes de violence, les intimidations, les manipulations, les injustices et les inégalités criantes — en un mot, sur tout l'arbitraire des rapports de forces. Il n'y a rien là de divin ou de sacré. Tout s'y trouve, au contraire, «humain, trop humain». Dans la domination des religions, ce sont bien sûr des êtres humains qui en dominent d'autres, même sans en être pleinement conscients, comme, de manière générale, l'être humain s'illusionne lui-même sans s'en apercevoir.

Tout dieu est anthropomorphique; il implique une relation essentielle à l'homme. Que ce soit dans la Grèce antique ou dans le christianisme, le dieu est explicitement perçu comme un homme, même s'il a quelque chose de plus. Il est un homme supérieur, divinisé, débarrassé des défauts alors que les qualités sont élevées à la perfection. Cela est vrai de tous les dieux, multiples ou uniques, de toutes les religions. Le dieu crée le monde par la parole. Il dit: «Que telle chose soit», et elle est! Il s'agit là du schéma logocentrique ou logocratique poussé à sa limite. Le dire performatif est divinisé. La pensée divine crée le monde matériel et non seulement le monde symbolique, comme c'est souvent le cas chez les humains. Il s'agit là d'un signe éloquent de la façon dont la pensée fantasme sa toute-puissance. Dieu n'est que la caricature de l'homme, élevant à l'infini certains traits, en délaissant d'autres. Il sert à confirmer l'homme dans la supériorité de sa différence. Celui-ci est un animal doté de raison ou de discours, de *logos* comme on le dit en grec. C'est cette différence qui fait toute la différence. Mais cette différence n'est-elle pas, en même temps qu'un signe de supériorité, un signe d'infériorité, rendant l'homme incapable d'entrer en contact avec l'inconnu en tant que tel, la raison ou le discours donnant un nom et cherchant une explication à toutes choses, ayant même la prétention, par la bouche du dieu, de les créer? Cette différence ne met-elle pas l'homme dans une position d'échec ou de souffrance, la distance produite par la raison ou le discours empêchant une véritable communion silencieuse avec l'inconnu ou le mystère? Le règne de la pensée — de la raison ou du discours — est au premier chef le règne de la connaissance. Cette dernière est le lien privilégié que l'homme entretient avec le monde. Elle implique constamment une évaluation, un jugement, éventuellement une manipulation ou une intervention. Il est faux de prétendre que la connaissance est gratuite et qu'elle laisse être la réalité ou la nature. Elle est au contraire intéressée, onéreuse et avide de profits. Il y a une volonté de puissance — de maîtrise ou de contrôle — derrière la volonté de savoir. Certes, le savoir est nécessaire. C'est lorsqu'il prend une place hégémonique que le problème se pose, empêchant un autre contact ou jetant dans l'ombre tout autre contact, l'ombre de l'art, de la poésie ou de la littérature. Quand l'homme devient obsédé par le savoir et par sa fille, l'intervention technique, il y a quelque chose de déréglé en lui, dérèglement dont il est la première victime, la seconde étant la nature et les êtres de la nature avec lesquels il vit, dérèglement qui l'amène à prendre une vive conscience de sa perte et à chercher le salut dans une puissance anthropomorphique supérieure. Une telle voie de salut est illusoire, ne faisant au contraire que prolonger la perte. De plus, le règne de la pensée correspond au règne de la grégarité ou de l'esprit de troupeau. Ce n'est que dans le silence et la solitude que l'inconnu peut être perçu ou touché. Dans l'ordre collectif, la pensée règne sans entraves. Le règne de la pensée correspond donc à la domination de la part collective ou grégaire de l'âme au détriment de la part individuelle. Dans un monde où la pensée est maîtresse, dominent également les modèles auxquels chacun cherche à ressembler, chacun soigne son image pour être applaudi ou aimé, le regard de l'autre, qui est d'abord le regard des médias, joue le rôle de l'œil de Dieu, œil omniscient, omniprésent et tout-puissant. On a beau alors parler de démocratie et de liberté, c'est plutôt une servilité profonde qui règne, la servilité de l'âme cherchant à se conformer à un modèle ou à une image, étant par conséquent nécessairement fausse dans sa volonté de ne pas voir ou de dénier ce qui ne correspond pas à ce modèle ou à cette image. Où domine la pensée, domine la part collective de l'âme. Là où la science fleurit, fleurit aussi l'esprit de troupeau.

Pendant longtemps, c'est la métaphysique et la religion qui ont représenté le mieux la volonté de puissance de la pensée. Sous le nom de raison, la pensée s'imposait. L'expression «avoir raison» nomme bien le pouvoir de la pensée sous sa forme métaphysique et religieuse. Aujourd'hui, la science représente la pensée la plus rigoureuse, la plus ambitieuse, la plus puissante; il s'agit plutôt pour la pensée de «donner ses preuves», qui plus est, des preuves empiriques et vérifiables, n'appartenant pas à un principe d'autorité dont la pensée, copie de l'intellect divin, serait en elle-même dépositrice. Cependant, même sous la forme scientifique, la pensée continue de régner. Si elle n'adopte plus le point de vue de Dieu, elle adopte celui des faits. Une certaine réalité matérielle a remplacé Dieu.

Cette réalité est appréhendée à partir d'une distance ou d'une position de survol. La pensée continue par d'autres moyens son projet de domination. Il est remarquable de constater combien les penseurs contemporains — parmi lesquels Jean Baudrillard, Michel Serres et Peter Sloterdijk — manient la métaphore scientifique et technologique, comme à d'autres époques les penseurs maniaient la métaphore religieuse, et cela, que ce soit dans une tonalité pessimiste, comme chez Baudrillard, ou optimiste, comme chez Serres et Sloterdijk. La fascination pour la puissance de Dieu a été remplacée par la fascination à l'égard des exploits scientifiques et techniques. Nous retrouvons aujourd'hui à l'endroit de la science la même adhésion spontanée, la même conviction non questionnée, voire trop souvent le même ton trop sûr de soi. La métaphore est un puissant outil de domination de la pensée. Grâce à elle en effet, la pensée se donne l'impression de tout connaître et de tout maîtriser. Elle ne cesse de s'étendre au-delà d'elle-même, comme elle n'a d'ailleurs jamais cessé de le faire au cours de l'histoire. La métaphore permet de ramener l'inconnu au connu, l'étranger au familier, le tout autre au même. Il va de soi que nous ne contestons pas l'utilité de la pensée ainsi que les énormes pouvoirs qu'elle possède. Là où le problème se pose, c'est quand la pensée ne laisse aucune place inoccupée, écrasant donc le vivant comme tel ou ce qu'il y a de plus vivant, à savoir la perception ou la compréhension silencieuse. La pensée vise à tout mettre en mots, en idées ou en images, ayant le sentiment d'accomplir ainsi son destin et de réaliser tout ce dont elle est capable. Ce faisant, une fois encore, elle a raison, elle se donne raison. Elle vise à tout expliciter, à tout nommer, à tout décrire, à tout expliquer. Il y a cependant quelque chose qui résiste absolument, une perception ou une compréhension qui résiste à toute explicitation. Cette perception ou cette compréhension peut aller loin parce qu'elle n'est pas arrêtée par les mots, les idées ou les images. Il s'agit d'une perception libre qui fait entrer en contact intensément avec ce qui est. Cette perception vient et part. Elle ne s'accumule pas, ne devient ni science ni religion. Elle ne se fige pas, mais demeure exclusivement vivante. Si la pensée, à force de sensibilité, d'ouverture et d'attention, peut s'alimenter à une telle perception, elle ne peut ni l'épuiser ni en tenir lieu. Elle ne peut la traduire qu'en l'arrêtant, qu'en passant de la compréhension silencieuse à l'explication ou à la description discursive. Une telle perception abolit la distance, la volonté de savoir comme volonté de puissance, de maîtrise ou de contrôle. Elle est pure et simple vie.

40
Le visage

Mettre en avant le visage, comme le fait Emmanuel Levinas, est-ce vraiment, comme on le croit généralement, mettre en avant l'altérité? Le visage de l'autre ne renvoie-t-il pas plutôt à mon propre regard? Certes, mon regard bute sur une altérité, mais celle-ci est d'abord surface, apparence, extériorité, et renvoie par conséquent à mon propre regard comme intériorité — toute extériorité supposant une intériorité qui la perçoit ou la constitue en tant que telle. Le visage renvoie-t-il à l'esprit qui l'habite ou n'est-il pas une surface sur laquelle mon regard rebondit dans ma propre intériorité ou mon propre esprit? L'autre est-il visage? Il l'est pour moi, mais l'est-il pour lui-même? Suis-je pour moi-même visage, même si les autres m'identifient à lui? Moi-même, je ne vois pas mon visage, ou le vois rarement, et chaque fois que je le vois, par exemple dans le miroir, sur une photographie ou dans un film, je sens la différence entre le visage vu et celui qui voit. Je suis celui qui voit, ou plutôt *ce qui* voit — l'acte même de voir —, et non le visage vu. Celui-ci peut même me sembler étrange, en tout cas une apparence ou une surface, alors que je m'habite de l'intérieur — je sens, je perçois, je ressens ou j'éprouve, j'imagine, je me souviens, etc. C'est dans l'intériorité ou la vie invisible — l'ordre de l'esprit — qu'habite le moi, mieux encore qu'*est* le moi, et non dans le visage comme surface visible renvoyant à un regard quant à lui invisible. Les autres ont beau voir mon visage, m'identifier à lui, que savent-ils de tout ce qui se passe en moi, de tout ce que j'éprouve, des labyrinthes de mon monologue ou dialogue intérieur, des mutations, des bifurcations qui ne cessent de se produire dans ma psyché? C'est pourtant là que je suis, c'est pourtant là *ce que* je suis. Par conséquent, la mise en avant du visage par Levinas ne renvoie-t-elle pas à une altérité tronquée, superficielle, coupée de sa source vive, à savoir de l'intériorité comme dimension invisible, comme corps vivant et non comme corps vu, corps-spectacle, corps-image, corps reproductible sur une photo-graphie, corps mort ?

Pourquoi d'ailleurs privilégier de la sorte le visage ? Pourquoi pas les mains ou les pieds ? Parce que le visage rassemble les sens principaux, parce qu'il contient l'organe de la parole, parce qu'il est près du cerveau. La mise en avant du visage va de pair avec une certaine idée ou une certaine image de l'identité. Le visage est devenu plus important, plus valorisé aujourd'hui qu'il ne l'était dans le passé. Peut-être était-ce le corps complet ou global qui était alors davantage considéré, là où, aujourd'hui, c'est plutôt le règne du gros plan sur le visage. Celui-ci est devenu un nouveau continent à explorer, à exploiter, à idolâtrer. Il est devenu icône et idole, objet de désir, d'adulation et de profanation. Il résume l'identité moderne, à savoir une certaine identité concentrée, individualisée — d'une individualisation standard ou de masse, cependant —, arrangée ou corrigée, montrée ou exhibée. Le visage trône au royaume du paraître. Par contraste, il occupe une place marginale dans les sociétés primitives ou tribales, où c'est l'esprit de groupe qui domine. Le règne du visage corres-pond donc à un certain état de la civilisation, loin d'avoir l'universalité que lui prête Levinas. Son règne arrive à un moment où une certaine forme d'altérité explose d'autant plus fort qu'elle fait précisément face, si l'on peut dire, à des forces immenses de standardisation et d'unifor-misation. Ces dernières en sont-elles pour autant vaincues, ou le visage comme pseudo-altérité ne s'inscrit-il pas, lui aussi, dans l'exhibition et le spectacle généralisés, n'est-il pas au centre du voyeurisme médiatique, n'appartient-il pas à la domination des images, des apparences et du regard ? Si altérité il y a, se trouve-t-elle du côté du visage, ou plutôt du côté du regard ou de l'intériorité qui regarde ? Mais celui qui regarde est-il vraiment autre, est-il différent de celui qui est montré ou exhibé, ou ne s'agit-il pas plutôt encore de l'individu informé et formé par les médias, de l'individu standardisé — exhibitionniste d'un côté, spectateur et voyeur de l'autre ? Le spectacle, l'exhibition et le voyeurisme participent de la distance ou de la séparation intrinsèque à la pensée. Ils ne sont que des avatars du règne ou de la domination de celle-ci. Quant à une réelle altérité, il faut, ce nous semble, la chercher ailleurs.

41

Aucune destination

Quand quelqu'un meurt, a-t-il réellement avancé ou ne revient-il pas plutôt abruptement à son point de départ ? Comment alors parler d'*évolution* ou de *progrès* ? Comment même parler d'avancée ? Certes, il y a mouvement de va-et-vient comme le mouvement de la respiration, ou comme celui du flux et du reflux de la mer. Mais il n'y a pas de réelle avancée, pas même en spirale. La vie est plutôt une promenade sinueuse, tournoyante. L'on part sans destination précise, l'on ne sait même pas que l'on part, l'on est toujours déjà né, déjà embarqué, l'on chemine toujours d'ores et déjà, et l'on n'aboutit nulle part, là aussi sans savoir, le moi et la pensée soudain évaporés, disparus sans laisser de traces, si ce n'est quelques-unes dans la mémoire oublieuse des vivants, traces appelées, elles aussi, à disparaître. Les traces, elles aussi, auront cheminé et n'auront abouti nulle part. Le chemin de la vie ne mène nulle part. Il n'est pas absurde pour autant ou ne l'est que si l'on désire qu'il aille quelque part. Mais n'est-ce pas plutôt un tel désir qui s'avère absurde, à savoir déconnecté de la vraie vie ? Où vont les nuages ? Où va la terre ? Où va le soleil ? Où va la galaxie ? Où va l'univers ? C'est l'être humain qui a besoin de destination, d'utilité, de fonction. Mais en a-t-il réellement besoin ? Il en a besoin dans certaines sphères de sa vie, quand il cherche à atteindre des buts ou des objectifs déterminés, pratiques, matériels, techniques. Mais il n'en a pas plus besoin que l'oiseau, que le chien, que l'arbre quand c'est l'ensemble de sa vie qui est concerné, le rapport à lui-même qu'est sa vie, ce qu'il ressent, la raison d'être ou plutôt l'absence de raison d'être profonde de son existence, de son être-là ou de son être-au-monde. Comme les étoiles, les planètes, les pierres, les plantes, les animaux, les êtres humains n'ont pas besoin de destination et de raison. Ils se contentent d'être. La vie leur suffit amplement. Elle contient et déborde toute raison et toute destination. Dans la mesure où la vie elle-même est concernée — et non un élément déterminé et partiel à l'intérieur de cette vie —, ce que les humains désirent, ce n'est pas d'atteindre un but, mais de vivre ici et maintenant dignement, amoureusement et généreusement, et d'abord d'être eux-mêmes les dignes récepteurs de ce don ou de cette force de vie. Un tel désir ne se réalise pas dans le futur, mais au contraire dans le face à face avec ce qui est. Dans la mesure où ce qui est peut se manifester, où il y a contact avec lui, où il n'y a que lui, la vie réalise ses pouvoirs ou ses potentialités, et la diversion ou le divertissement du futur, de la remise à plus tard, de la visée d'un but, cesse, toute l'énergie vitale ne servant qu'à établir le contact avec ce qui se trouve d'ores et déjà là, ce qui pour sa plus grande part ne dépend pas de nous, ce qui découle d'un passé millénaire tant sur le plan physique, chimique, biologique que culturel et historique. C'est dans le face à face ou le corps à corps avec ce qui est que la vie s'accomplit. Nul besoin dès lors de prix de consolation, d'exutoire à la frustration, de futur pour nous reprendre, d'un but pour racheter le passé, d'une autre vie pour vivre enfin. C'est par insatisfaction que la vie se projette dans le futur, dans l'espoir qu'elle pourra un jour enfin se réaliser et arrêter de fuir, arrêter de se projeter, arrêter d'attendre. Il n'y a en fait que cette vie-ci, imparfaite, bancale, incomplète, limitée, bonne et mauvaise, heureuse et malheureuse. L'essentiel réside dans la passion, dans la manière d'être, dans la qualité de présence, dans l'intensité tranquille de l'attention.

42

La création encourage la création

Pour créer, il est nécessaire d'oser, de plonger. Il faut nous ouvrir aux autres et à nous-mêmes, plus précisément nous ouvrir à ce qu'il y a de plus grand chez les autres et en nous-mêmes. C'est dans la mesure où nous pouvons plonger en nous, au plus profond, jusqu'au fond sans fond où nous ne sommes plus personne, où *nous ne sommes plus*, que nous pouvons toucher ce qu'il y a de plus profond chez les autres. La création, qu'elle se fasse dans l'écriture, la peinture, la sculpture, la danse, le chant ou dans un autre domaine, se fait par-delà les images qui nous enferment dans le connu, images qui sont comme des prisons sur les murs desquelles le plus souvent, quand nous nous contentons de vivre à un niveau moins profond de notre être, nous rebondissons, n'ayant accès qu'à ce que nous savons déjà, n'étant jamais dépassés par quelque chose de plus grand que nous. Or la création doit nous dépasser, découvrir en nous de nouveaux territoires, produire dans le cerveau de nouveaux sillons, éveiller des neurones dormants, nous surprendre et nous étonner, nous laisser parfois bouche bée, nous ouvrir et nous transformer de l'intérieur, nous rendant plus sensibles et plus intelligents. Nous devons bien sûr mettre les mains à la pâte, la création n'étant complètement elle-même que du point de vue du créateur ou que de l'intérieur même du processus de création. En fait, la création emporte dans un même mouvement et l'auteur et le specta-teur, l'auditeur ou le lecteur. Quelque chose d'impersonnel se passe qui concerne la nature même des choses, au-delà des individualités et des personnalités. La création est une lumière surgissant du fond même des ténèbres. Elle n'éclaire pas de l'extérieur, du point de vue d'une opinion ou d'une connaissance déjà là ou possédée, mais ce sont les choses qui s'éclairent d'elles-mêmes, ce qui fait que la lumière est à la fois transparente et vacillante, à savoir vivante, en mouvement, en cours ou en processus. La création est une affaire d'abandon, d'audace, de générosité et d'amour. Elle établit la relation la plus intense avec les autres. Puisqu'elle s'adresse à la sensibilité et à l'intelligence de l'autre, pour les rehausser, elle implique un immense respect de ce qu'il y a de grand et de noble en l'autre. Il est toujours possible de s'adresser à ce qu'il y a au contraire de petit ou de médiocre en l'être humain, ce dont ne se privent malheureusement pas certains médias, mais c'est alors mépriser ce dernier. La création, quant à elle, s'adresse à ce qu'il y a de plus grand ou de meilleur en soi et dans les autres, pour l'encourager ou le déployer. Elle implique donc une véritable affection pour autrui, une ouverture à son endroit, un respect, l'établissement d'une relation amicale, positive, mutuellement bénéfique, en somme précisément créatrice, au lieu qu'elle soit, comme trop souvent, stérilisante et destructrice. La création encourage la création. Celui qui fait preuve d'audace et d'ouverture amène l'autre à oser et à s'ouvrir lui aussi. Imiter la création n'est pas la reproduire, mais créer à son tour, oser à son tour, se jeter à l'eau pour profiter soi-même et faire profiter les autres du mystère des courants, pousser plus loin encore le processus sans commencement ni fin de la création, dont nous sommes les produits, dans lequel nous sommes emportés et auquel nous participons à notre façon, dans la mesure de nos moyens et de nos capacités.

43

Le corps, la beauté et le désir

Le corps humain est un véritable chef-d'œuvre dépassant de beaucoup tous les chefs-d'œuvre que l'esprit humain peut produire. Il est une œuvre d'art vivante. Nous aimerons toujours la sculpture grecque pour l'avoir si bien représenté. Dans cette sculpture, le corps humain est élevé à la divinité. Ce sont en fait des dieux que l'on sculpte dans le corps humain. Celui-ci ne s'en trouve pas pour autant idéalisé. C'est le corps humain ordinaire — et non travaillé, perfectionné, amélioré, techniquement assisté ou programmé — qui est naturellement beau ou magnifique. Comme le savaient également les Grecs, ce corps est une merveille. Il est vie, il est esprit. Il est sublime organisation, sublimes habileté et finesse. Il y a le corps tel qu'on le voit de l'extérieur — tel que nous le représente notamment la sculpture —, mais ce corps renvoie nécessairement, en tant que vivant, au corps intérieur, au corps individuel, au corps-esprit. Ce corps est une sensibilité et une intelligence, une intériorité avant d'être une apparence. Il se révèle ou apparaît à lui-même avant de se révéler ou d'apparaître à un autre. Le corps du sculpteur précède le corps de la statue. Ce dernier n'est pas vivant. Il représente un corps vivant. Il le fait voir. Mais il y a quelque chose dans le corps vivant qui n'est pas représentable, puisqu'il est à l'origine de toute représentation et de toute apparence, puisqu'il est à la source de tout regard, non seulement celui du sculpteur, mais également celui du spectateur de la sculpture. C'est ce corps vivant comprenant tellement de dimensions et de plans qui est merveilleux ou magnifique. Quand nous voyons un corps de l'extérieur resplendir dans sa grâce ou sa beauté, toutes les dimensions ou tous les plans sont impliqués. C'est parce qu'il est vivant que le corps est beau, et il est vivant non pas parce que nous le voyons, mais parce qu'il s'habite ou se voit de l'intérieur. Sa vie ou son esprit renvoie à une dimension invisible inhérente au visible, une dimension d'auto-apparition ou d'auto-sentir. Un corps mort n'est pas beau. Il est en train de pourrir, de se désagréger, de se transformer en autre chose. La statue est belle parce qu'elle renvoie au corps vivant, parce qu'elle parvient à faire tressaillir sa chair de marbre ou de pierre. Le corps humain est un objet d'émerveillement continuel. Il y a certes l'instinct sexuel qui contribue à cette émotion ou à cet émerveillement. Mais l'instinct sexuel fait partie intégrante du corps. Le sexe ne désigne pas une fonction ou une partie spécialisée du corps, mais il fait que le corps est corps. C'est le corps entier qui est sexuel, comme c'est le corps entier qui est vie ou esprit. S'il y a désir, celui-ci ne fait qu'un avec le corps entier ou le corps vivant. C'est cette vie ou cet esprit incarné qui est beauté.

Le corps contient l'esprit humain. Plus encore, en tant que vivant, il est esprit. Il s'habite de l'intérieur, le plus souvent inconscient de son apparence aux yeux des autres. Il se sent obscurément, ne faisant qu'un avec lui-même. Il est également vu de l'extérieur par un regard — regard qui peut aussi être le nôtre quand nous nous regardons avec les yeux d'un autre. Certes, l'humain a un préjugé favorable sur lui-même. Sa vision du corps de l'autre est tout imbibée de ce corps même, notamment de son énergie érotique, de sa joie presque animale d'exister. La libido joue sans aucun doute un rôle majeur dans la perception du corps. L'hétérosexuel est frappé par la beauté du corps de l'autre sexe, l'homosexuel l'est tout autant par celle du corps de même sexe. Il n'y a donc pas de neutralité ou d'objectivité dans l'appréciation ou l'évaluation du corps. Celle-ci est au contraire colorée par le désir, pris au sens large, désir qui n'est pas que sexuel, mais qui enveloppe ou inclut toutes les facettes du rapport à l'autre, tout le charme et le mystère d'un tel rapport. La joie en effet n'est pas que le plaisir sexuel, mais elle colore toutes les dimensions du rapport à l'autre, elle est reliée à la subtilité inhérente au rapport de séduction sans doute toujours présent sous une forme ou sous une autre. Et sans doute ce rapport est-il d'autant plus présent qu'il est plus imperceptible, qu'il se fait en retrait ou latéralement, sans jamais être explicite, se contentant d'éclairer comme un soleil levant ou de souffler telle une brise. Il y a une joie inhérente au contact avec le corps de l'autre, que ce contact se fasse par la vue, par l'ouïe, par le toucher, ou qu'il se fasse par le geste ou par la parole. Il y a une dynamique intérieure à ce contact, qui met en branle les deux corps. Le corps est émouvant et inspirant. C'est dant tout notre corps que nous sommes touchés par le corps de l'autre. En fait, le contact lui-même est corps, puisque le corps vivant voit, entend, touche, agit et parle. Il s'agit d'un flux qui passe d'un corps à l'autre, flux qui appartient lui aussi au corps. Il n'y a pas séparation entre les corps, mais contact subtil, bien que celui-ci soit le plus souvent implicite et silencieux. Ce contact est émotion. L'émotion meut. Elle est comme une âme animant le corps. Le corps vivant est toujours animé. Seul le corps vivant est beau. Le cadavre est envahi par le néant et se dérobe par conséquent au contact, laissant le corps vivant complètement seul de ce côté-ci de la frontière, alors que le corps mort n'est plus ému, n'est plus animé ou n'a plus d'âme. Mystère de la vie et de la mort, et mystère de la proximité et de l'abîme qui les séparent ou les relient. Dans la mesure où les corps sont vivants, il se passe toujours quelque chose qui dépasse leur conscience ou leur entendement, un contact qui les émeut au-delà de toute représentation et qui touche directement leur système nerveux. Bien peu de ce qui les touche est mis en mots. Et le peu qui est mis en mots ne correspond pas adéquatement à ce qui les touche ou les émeut. C'est principalement dans le silence que la vie procède, en dépit des prétentions de la parole de tout inclure et de tout dominer. Mais la parole n'est elle-même qu'un geste parmi d'autres, qu'un mouvement parmi d'autres, qu'un flux parmi d'autres, qu'une facette du contact parmi d'autres. Les corps entrent d'emblée en contact par tous leurs sens et toute leur intelligence. Les corps sentent, perçoivent, devinent. Et ce qu'ils sentent, perçoivent, devinent prend rarement le chemin de la parole ou de l'explicitation. La vie en son fond, en son noyau ou en son cœur, demeure secrète et silencieuse. Elle éprouve et s'émeut.

À quoi tient la véritable beauté d'une personne? Elle tient à la sensibilité, à l'intelligence, à la vitalité ou à la force intérieure, en un mot à la joie qui émane d'elle. Certes, les traits ou la figure du corps jouent également un rôle important. Mais ces traits ou cette figure ne prennent vraiment sens, c'est-à-dire n'acquièrent une réelle beauté, qu'à partir de ce qui les rend vivants, à savoir l'esprit. L'esprit n'est rien d'autre que le rapport à soi du corps, ou encore il n'est rien d'autre que le corps vivant. Un corps sans esprit est un cadavre. Comment un cadavre peut-il être beau? Il est sans expression, sans mystère. Si le cadavre exprime un mystère, c'est celui de la mort, celle-ci n'est ni belle ni laide, elle échappe intrinsèquement à toute évaluation en ces termes. C'est uniquement le corps vivant, changeant, avec ses mouvements lents et rapides, ses expressions subtiles et énigmatiques, ses rides et ses cicatrices, qui peut être dit véritablement beau. Il est important de le souligner, car le dualisme auquel nous sommes habitués entre le corps et l'esprit met la beauté véritable, celle qui attire, du côté du corps, l'esprit, quant à lui, ne pouvant être dit beau que par métaphore ou analogie. Plus encore, les expressions «belle âme» et «bel esprit» ont même quelque chose de péjoratif, de négativement esthétique, impliquant un manque de vigueur, de rigueur et de lucidité, appartenant à un certain sentimentalisme, romantisme ou dandysme. L'on demande en effet à l'esprit, non pas d'être beau, mais d'être lucide, intelligent, c'est-à-dire d'être capable de voir la réalité telle qu'elle est, dans toute son ampleur et sa profondeur, par conséquent dans ce qu'elle a aussi de problématique, de douloureux, de terrible, de laid. C'est peut-être pour cette raison que l'on associe trop souvent la beauté à l'inutilité, au luxe, au loisir, à ce qui se trouve en retrait de la vraie vie avec ses clameurs et ses laideurs. Une belle femme, par exemple, n'existerait que pour le chatoiement des apparences, l'ivresse des sens, la contemplation idolâtre, en un mot le repos du guerrier. Suivant l'image d'Épinal, elle ne pourrait même être que sotte, beauté et intelligence étant jugées incompatibles, comme le sont, dans la même logique dualiste, le corps et l'esprit. Mais c'est faire injure à la beauté que de la réduire ainsi à une surface lisse qui ne peut, avec le temps, que se plisser, se rider, se flétrir et s'enlaidir. En fait, le corps ne peut être vivant sans l'esprit qui l'habite ou l'anime. Cet esprit est la sensibilité ou l'intelligence du corps. C'est lui qui donne sens à chaque trait, à chaque mouvement, à chaque geste. En d'autres mots, la beauté est celle du corps entier, de la personne entière. C'est de l'intérieur que la personne s'habite ou se sent, n'étant que secondairement consciente des apparences qu'elle fournit aux autres. Pour elle-même, la personne est d'abord et avant tout sensibilité et intelligence. Ce qui compte pour elle, ce qui la constitue vraiment, ce n'est pas, par exemple, la couleur de ses yeux, l'incarnat de ses lèvres, la forme de ses membres, mais c'est l'acte de voir, l'acte de parler ou de se taire, l'acte de bouger ou de demeurer immobile — tous actes invisibles et inouïs, qui sont à la source de ce qui se donne à voir et à entendre. Ce n'est que du point de vue de l'extériorité ou du regard d'autrui que la beauté se réduit aux apparences physiques. Mais ce regard d'autrui, en tant que purement extérieur, demeure superficiel et passager. Il suffit de côtoyer la personne, de saisir quelques expressions de sa sensibilité et de son intelligence pour que cette pure extériorité soit traversée et colorée par un esprit indissociable. Lorsque l'on connaît tant soit peu une personne, on ne peut dissocier ce qu'elle est ou ce que l'on pense qu'elle est de son apparence physique. La couleur de ses yeux, la forme de sa bouche, sa gestuelle, sa manière de marcher manifestent sa sensibilité et son intelligence, elles ne sont pas vides, attendant d'être emplies par le fantasme. C'est un corps entier — incluant par conséquent ce qu'il est convenu d'appeler l'esprit et qui n'est que la vie ou la vitalité de ce corps — qui est perçu comme beau. Le sexe lui-même ne désigne pas des parties spécialisées du corps, mais traverse le corps entier. Le sexe est lui aussi esprit et corps indissociables. Il ne désigne pas une fonction ou des organes, mais, comme l'esprit, il imprègne ou anime le corps, il fait qu'un corps est corps. Le charme de quelqu'un, c'est là par où il s'échappe et nous échappe, par où il est vulnérable, force et fragilité étant les qualités elles aussi indissociables du corps et de l'esprit inséparables et indiscernables. C'est tout cela qui est beau.

44
Les lois

Des lois sont nécessaires pour rendre la vie en société possible. Ces lois servent à mater ce qui perturberait la paix et la sécurité collectives. Au point de départ, elles sont indissociablement religieuses et politiques. Quelle que soit la nature du groupe, elles gèrent les rapports entre les membres. Certes, dès l'origine, venant des hommes se trouvant toujours d'emblée dans des rapports de pouvoir, elles favorisent certains individus ou certains groupes au détriment d'autres. Cependant, si les lois sont modifiables ou réformables, elles demeurent nécessaires. De plus, elles ne peuvent manquer d'engendrer des images ou des idéaux auxquels les humains tentent de se conformer. Cette conformité ne passe pas seulement par une force de police extérieure, mais par l'intériorité même des individus. Il est clair, par exemple, que la religion tente de faire intérioriser les normes, les règles ou les lois. Ce sont les individus eux-mêmes qui doivent faire un effort pour se conformer à celles-ci. Désobéir aux lois, c'est désobéir à Dieu. L'homme qui désobéit ou contrevient aux lois risque de subir non seulement la punition de la collectivité, mais, pis encore, celle de Dieu. C'est non seulement des autres hommes, mais aussi de Dieu que l'individu cherche à être aimé. Il doit faire un effort pour se réformer afin de mieux correspondre à ce qu'il devrait être, c'est-à-dire à ce que la loi humaine et divine lui enjoint d'être. On prétend qu'il en a le pouvoir puisqu'il est libre. Il a la responsabilité de son obéissance ou de sa désobéissance, de sa conformité ou de sa non-conformité. Toute société semble fonctionner ainsi. Cependant, l'effet pervers d'un tel fonctionnement peut-il être évité? Cet effet consiste en ce que l'image ou l'idéal engendré par les lois passe au premier plan, rendant les hommes aveugles à ce qu'ils sont vraiment. Ils tentent tellement de se conformer à l'idéal ou à l'image commune qu'ils ne voient plus ce qu'ils sont, qu'ils ne peuvent ni ne veulent plus le voir. C'est ainsi que la vie collective semble engendrer de manière presque inévitable l'hypocrisie, la fausseté et l'illusion. L'homme pense que c'est en niant ce qu'il n'aime pas en lui — ce que Dieu ou la collectivité n'aime pas en lui — qu'il parviendra à l'oublier ou à le vaincre. Ou encore que c'est en luttant contre ce qu'il n'aime pas qu'il s'en débarrassera. Mais la lutte implique elle aussi une certaine négation de l'adversaire. Celui-ci en effet est pris comme autre ou extérieur, alors que c'est contre lui-même que l'homme lutte. Mais si c'est contre lui-même, peut-il réellement réussir à se vaincre? Est-ce une affaire d'efforts ou de temps? Ou n'est-ce pas la stratégie ou la lutte elle-même qui conduit à un cul-de-sac? Comment l'homme peut-il à la fois vivre dans un contexte de lois et se voir tel qu'il est, à savoir si peu conforme aux idéaux et aux images véhiculés ou inspirés par ces lois — et inspirant celles-ci en retour? Tel est l'enjeu.

Il n'est pas question de préconiser l'anarchie ou l'utopie, sachant qu'elles engendrent des monstres. Cependant, en même temps qu'est perçue la nécessité de la vie collective et de ce qu'elle implique, la vision lucide de ce que nous sommes au fil des instants, des événements et des rencontres demeure, elle, tout à fait possible. Il ne s'agit pas de suivre aveuglément nos pulsions, mais de nous voir tels que nous sommes, dans nos labyrinthes, nos méandres, nos variations, nos bifurcations. Ce travail de lucidité n'a rien d'asocial. Au contraire, la claire perception de ce qu'exige la vie en société fait partie d'un tel travail. Il s'agit en somme de voir la réalité changeante, subtile, multiple dans toutes ses variations, sa complexité et ses nuances, sans qu'une image ou qu'une conception toute faite nous empêche a priori de voir. L'homme n'est pas responsable de ce qu'il est. Il ne naît pas libre, tout au plus peut-il le devenir, jamais complètement d'ailleurs. Il peut d'abord et avant tout se libérer de ses images et de ses illusions, du moins de certaines d'entre elles. S'il ne se voit pas tel qu'il est, comment peut-il prétendre être libre? Il est prisonnier de l'illusion, prisonnier d'un mécanisme dont il ne saisit pas les rouages. Il participe à l'universelle mascarade, se faisant accroire et faisant accroire aux autres, qui le lui rendent bien, qu'il est ce qu'il n'est pas et qu'il n'est pas ce qu'il est. Il se sent coupable d'une réalité dont il n'est pas responsable! Il s'arroge une liberté qu'il n'a pas. «Qu'est-ce que la liberté?», devrait-il commencer par se demander, avant de prétendre la posséder. Mais l'homme conditionné, enfermé dans les rets de la société, prisonnier de ses images et de ses clichés, ne se pose pas de questions, puisqu'il prétend avoir déjà les réponses. Celles-ci sont fausses. L'homme doit repartir à nouveaux frais, commencer par se voir tel qu'il est au fil des instants et des jours, sans se sentir responsable de ce qui vient de soi-même à la surface et qui dépend de forces physiques, biologiques, historiques sur lesquelles il n'a pas de pouvoir, si ce n'est celui d'abord de les percevoir. L'individu n'est pas conforme aux images véhiculées par les lois, il ne peut pas l'être en dépit de son désir et de ses efforts. Qu'il soit d'abord lucide, qu'il reprenne contact avec ce qu'il est, sans se juger, sans se condamner, car s'il se juge ou se condamne, il perd le contact, instaurant une relation de refus ou de rejet plutôt que d'accueil ou d'écoute. Qu'il observe ses efforts constants pour se conformer au modèle ou à l'image, pour bien paraître, pour être aimé. Qu'il observe sa fausseté ou son hypocrisie inévitable, due au fait qu'en réalité il ne correspond pas à l'image qu'il se fait ou que la société se fait. Personne n'y correspond. L'image est fausse dans la mesure où elle fait voir la réalité de l'extérieur. Mais de l'intérieur, la réalité ne peut se mettre en image, car elle est changeante, plurielle, labyrinthique, vivante. Elle n'est pas figée, alors que l'image la fige. Elle est multiple, alors que l'image n'en montre qu'un fragment. Elle ne ressemble à rien, alors que l'image instaure un modèle. Elle se voit de près, immédiatement, dans l'inconnu, alors que l'image implique la distance et un supposé savoir. La réalité vivante est cachée, alors que l'image s'exhibe au regard extérieur. C'est parce que l'homme ne se voit pas tel qu'il est qu'il perd le sens du mystère et qu'il se laisse si facilement aveugler par une explication de nature religieuse ou scientifique. C'est parce que l'homme ne voit pas la réalité telle qu'elle est qu'il peut habiter un monde si rassurant, donnant lieu à des prises de position dogmatiques, voire fanatiques. L'homme fait partie du mystère, il ne se comprend pas, loin qu'il puisse avoir sur lui-même le pouvoir qu'il prétend posséder grâce à sa supposée liberté. L'homme est mû par des forces plus amples et plus profondes que son moi ou que sa volonté. Mais les images et les idéaux engendrés et véhiculés par les lois ne s'adressent qu'au moi ou qu'à la volonté. Au-delà de son pouvoir de comprendre, d'expliquer, de maîtriser ou de contrôler, l'homme jouit d'une capacité de voir ou de percevoir. Il peut voir qu'il n'est pas libre. Cette vision est ce qu'il y a en lui de plus grand et de plus noble.

45

La volonté de puissance de la pensée et du langage

Depuis longtemps règne la métaphore ou l'analogie linguistique. Après l'ère du structuralisme, ayant pour philosophie de base que presque tout, des liens de parenté à l'inconscient psychanalytique, est structuré comme un langage, nous sommes entrés dans l'ère du code génétique. Le vivant serait déterminé dans le détail par une nouvelle parole de Dieu, ne s'exprimant plus dans une Torah, des Évangiles ou un Coran, mais dans la nature infinitésimale des choses. En fait, le règne du langage est beaucoup plus ample que cela, il passe par le *logos* grec et le Verbe chrétien — *logos* comme langage de la nature, exprimant les lois immanentes de celle-ci, et parole divine, comme langue de l'autorité, exprimant les lois transcendantes ou morales imposées par celle-ci, ne sont pas si différents l'un de l'autre — et il traverse la déconstruction contemporaine pour laquelle, nous le savons, «tout est texte», même si le mot «texte», ici, est employé métaphoriquement ou analogiquement. Mais justement, la métaphore est encore une figure du langage, dont le règne est en même temps celui de la pensée: langage et pensée sont inséparables. La pensée tente d'imposer sa méthode, sa logique, son esprit de système à la réalité, comme le langage essaie d'imposer sa syntaxe ou sa structure. Partout où le langage s'impose — par le *logos*, par l'écriture sainte ou profane, par un code se présentant comme la clé de la réalité ou du vivant, etc. —, s'impose la pensée. La domination du code génétique en biologie contemporaine est un autre signe éloquent de la volonté de puissance de la pensée. C'est le vivant même qui serait dominé en son cœur ou en son noyau par un code de type linguistique. La pensée n'a jamais caché sa volonté de puissance. Après ses prétentions de gérer la réalité infinie, elle s'insinue maintenant dans l'infiniment petit, là où se trouve, pour les modernes, le moteur du réel ou du vivant — on le plaçait, auparavant, au sommet de la hiérarchie, dans la personne notamment d'un Dieu tout-puissant. Cependant, la réalité ou la vie s'avère plus riche, plus diversifiée, plus surprenante, plus inventive que la pensée. Celle-ci est toujours en retard avec ses images ou ses métaphores, ses structures ou ses lois qui tentent de prendre dans leurs rets une réalité ou une vie qui ne cesse de couler à travers les mailles de tout filet tendu pour la saisir. La vie ou la réalité en effet n'obéit pas à une logique, mais elle ne cesse d'en inventer de nouvelles, étranges, inconnues, paradoxales. La pensée a toujours prétendu saisir la vie ou la réalité grâce à une logique, une parole ou un *logos*. Mais ce faisant, elle n'a jamais saisi qu'un fragment auquel elle s'accroche un certain temps, jusqu'à ce qu'elle en découvre un autre qu'elle extrapole ou *hyperbolise* de même. Tous les fragments sont autant de découpages que la pensée fait en fonction de ce qu'elle est ou devient. La pensée exprime aussi sa volonté de puissance en extrapolant ou *hyperbolisant* certains principes d'explication. L'explication en elle-même toujours partielle devient l'explication totale. Cependant, la réalité ou la vie ne cesse de déborder tout ce qui prétend l'enserrer ou la dominer. Toute explication qui se veut totale — qu'elle émane de la science, de la philosophie ou de la religion — est par définition fausse. Elle finit par passer ou par être nuancée grâce à d'autres points de vue, la réalité ou la vie, quant à elle, ne cessant de demeurer en son cœur ou en son noyau toujours inconnue, toujours énigmatique.

46
Le roman policier

Compte tenu de ce qu'est l'homme — du fonctionnement fragmentaire de la pensée —, il n'est tout simplement pas possible pour lui d'être sincère et authentique comme il le voudrait et comme il le fantasme parfois lorsqu'il perd le contact avec lui-même, lorsqu'il s'aveugle presque délibérément, se laissant emporter et griser par le jeu des images. En fait, tout le monde est faux, pensant une chose, en disant une autre, pensant des choses contradictoires selon les moments ou les angles d'approche, aimant et détestant. Comme le remarque Pascal, « personne ne parle de nous en notre présence comme il en parle en notre absence ». Ce n'est d'ailleurs pas que vis-à-vis des autres, c'est également vis-à-vis de lui-même que l'homme est faux. Il n'est pas entier, mais fragmenté, poussé par des désirs contraires, ne cessant de passer d'un affect à l'autre. Il n'y a aucune faute dans une telle manière d'être et par conséquent aucune culpabilité à ressentir. L'homme est ainsi fait. Il s'agit d'une structure transcendantale de fausseté liée à l'être même de la pensée, tel du moins qu'il est devenu ou a évolué. Comment dans un tel contexte faire pleinement confiance? Il est impossible de ne pas être déçus, non seulement par les autres, mais par nous-mêmes. Nous changeons d'avis, d'humeur, de point de vue. Nous changeons malgré nous, poussés par le temps, par des mouvements physiques, chimiques, biologiques, psychiques. La pensée opère à partir d'une distance intrinsèque. Comment dès lors être complètement là, comme le veut la notion de sincérité ou d'authenticité? Distance et fragment sont les deux côtés de la même pièce de monnaie.

L'un des aspects qui contribuent au succès populaire du roman policier tient précisément à ce trait. Le roman policier en effet met au grand jour cette structure ontologique de fausseté. La philosophie de base du roman policier peut se résumer ainsi : tout le monde est suspect. Il ne faut avoir confiance en personne, car tout le monde — y compris, et peut-être surtout, ceux qui affichent les plus beaux masques, masques tendus vers les images de sincérité et d'authenticité — cache un fragment secret. Toutes les apparences sont trompeuses. Quelqu'un peut être gentil, poli, aimant, respecté, mais il ne s'agit là que d'un fragment ou d'un rôle. Un autre fragment peut révéler la haine, la violence, la brutalité, le crime. Cette structure est propre à tous les humains. Le roman policier ne fait que la mettre en évidence de manière presque caricaturale. Le fragment caché est celui du crime ou de la source du crime : l'avidité, la cupidité, la haine, la hargne, la vengeance, la névrose, la psychose, tout le côté sombre de la réalité humaine que l'homme tente de recouvrir sous d'autres fragments, ceux qui sont valorisés, au point qu'il peut même aller jusqu'à croire que n'existent que ceux-là, puisqu'ils sont les seuls à être revendiqués. Le roman policier tire une partie de sa force du dévoilement de ce qui est caché. Ce qui est caché n'appartient pas qu'à des cas pathologiques ou monstrueux, mais à la réalité humaine telle qu'elle est. Il est vrai que le roman policier tente lui aussi de jouer le jeu et participe en ce sens de l'universelle fausseté. Il veut en effet être populaire et doit donc par conséquent doser la réalité ou la vérité. En même temps qu'il exhibe les fragments cachés, ayant tous à voir avec une forme de cruauté — cruauté tellement présente dans l'histoire humaine, autant dans la dimension individuelle que dans la dimension collective —, il tente de compenser ceux-ci par des fragments contraires, ayant à voir, quant à eux, avec les « bons sentiments », dans lesquels se retrouvent notamment ce qui était par ailleurs démasqué, à savoir la sincérité et l'authenticité des héros.

Nous touchons d'ailleurs là les limites du genre policier. Ce qui était montré finit par être caché de nouveau, laissant le lecteur à ses illusions, ébranlées seulement pour un temps. Il y a tout de même des personnes authentiques, sincères, entières, absolues, se trouvant complètement du côté du bien et des valeurs auxquelles tout le monde tient, même si ces personnes se trouvent dans un monde où il ne faut faire confiance à personne. Du moins, elles, sont-elles entièrement dignes de confiance. Bons maris et bonnes épouses, bons pères et bonnes mères, bons amis et bonnes amies, bons citoyens et bonnes citoyennes, ayant toutes les vertus prêchées par les religions, n'ayant aucun des défauts majeurs se trouvant au moteur caché ou secret des sociétés — l'appât du gain, l'indifférence, l'insensibilité, la cruauté gratuite —, ces personnes sont de nouveaux Christ qui sauvent l'humanité perdue. Le caractère populaire du roman policier tient donc aussi à son manichéisme et à sa psychologie tout compte fait sommaire. La structure transcendantale ou ontologique de l'être humain n'y est pas révélée jusqu'au bout. Elle n'y est qu'entra-perçue. Elle est vite recouverte sous les illusions et les consolations. L'idéal est égratigné, mais il en sort finalement renforcé. Finalement, le monde se compose de manière rassurante de bons et de méchants, d'êtres vrais et d'êtres faux. Dans la pratique, cela donne malheureusement trop souvent — ce pourquoi le genre policier ne peut, croyons-nous, que demeurer un genre mineur — un mélange de bons sentiments et de cruauté ou de violence gratuite, de sensiblerie et de dureté, de sentimentalisme et de froideur. Le roman policier, lui aussi, flatte tour à tour les différents fragments de l'homme.

Quelles que soient ses prétentions par ailleurs, le roman policier relève du genre mineur pour d'autres raisons, qui rejoignent celle que nous venons d'exposer. Il s'agit en effet pour l'essentiel d'une littérature de divertissement, avec tout ce que cela implique de compromis ou de concessions au goût populaire. Toutefois, la chose est souvent complexe : le roman policier doit donner au lecteur l'impression d'être intelligent tout en le divertissant. En fait, c'est une certaine sorte d'intelligence qui est sollicitée, celle capable de résoudre des énigmes ou des problèmes de nature technique et non celle capable d'aller au fond des choses. S'il s'agit de divertir en effet, il ne faut pas heurter ni trop bousculer, il faut en demeurer aux questions jouissant d'une certaine actualité ou notoriété, en un mot et dans le meilleur des cas, il s'agit de prendre une position d'avant-garde tout en respectant les valeurs traditionnelles. Cette manière habile de ménager la chèvre et le chou n'appartient pas qu'au roman policier mais également à une grande partie de la production cinémato-graphique américaine. Remarquons d'ailleurs le lien privilégié entre celle-ci et le genre policier. Une telle littérature et un tel cinéma s'adressent à l'éternel adolescent se trouvant au fond de tout adulte. Il faut le stimuler, l'exciter, le surprendre, le séduire, le divertir. Pour cela, il ne faut pas trop remettre en question les clichés. Or le roman policier en est plein. Cela rejoint d'ailleurs sa tendance au manichéisme à laquelle nous faisions allusion. À tout cela s'ajoute comme élément constitutif du genre l'in-vraisemblance. La fiction demeure souvent en deçà de la réalité. La réalité en effet est plus subtile, plus labyrinthique, plus surprenante, plus impré-vue, plus absurde, moins gérée ou supervisée par un *deus ex machina*, que dans le genre policier, genre platonicien par excellence, si l'on y réfléchit bien, car tout ce qui y arrive semble guidé par l'Idée du bien. Or dans la réalité, les choses et les événements ne sont pas guidés par l'idée du bien, ni par celle du mal d'ailleurs, mais découlent de concours enchevêtrés et souvent inextricables de circonstances, d'absurdes hasards, de rapports de forces à peine visibles, en tout cas le plus souvent inavouables. Le roman policier est réconfortant en ce qu'il remplace le hasard par une espèce moderne de divine providence. Le méchant doit finir par être vaincu et le bon par triompher, quels que soient les aléas de leur lutte, quelle que soit l'inégalité de leurs forces. Le mal est non seulement vaincu, mais il est montré et dénoncé, alors que, dans la vraie vie, le mal porte le plus souvent le masque du bien et se trouve par conséquent encensé. Le roman policier annonce le triomphe final de la morale, alors même que les hommes, dans leurs actions et leurs agissements quotidiens, sont mus par de tout autres motifs ou déterminants, ayant davantage à voir avec le désir, l'intérêt, l'appât du gain et la volonté de puissance. Ce sont les mêmes, si peu moraux dans leur vie, qui prennent plaisir à la promesse du triomphe final du bien sur le mal comme, dans d'autres circonstances, ce sont les mêmes qui luttent, haïssent et exploitent pendant la semaine et qui s'agenouillent le dimanche devant le Dieu d'amour et de compassion. Ce sont encore une fois les différents fragments de l'homme qui se heurtent, se bousculent et qui apprennent tant bien que mal à coexister: amour et haine, tendresse et dureté, générosité et mesquinerie, violence et douceur, etc. Le jeu du mouvement des fragments se retrouve donc sur tous les plans, dans la constitution même du roman policier, également dans les rapports entre lui et ses lecteurs.

47
Le temps qu'il fait

Il est à la fois étrange et significatif que le temps qu'il fait occupe une telle place dans les conversations et les préoccupations. Alors même que nous nous croyons porteurs, grâce à la haute technologie, de tellement de puissance et de tant de pouvoirs, nous sommes démunis devant une réalité aussi banale et aussi immédiate que le temps. Alors que notre emprise porte loin, que nous contrôlons et maîtrisons à distance des machines sophistiquées qui, elles-mêmes, prolongent et multiplient notre capacité de contrôle et de maîtrise, nous sommes sans contrôle et sans maîtrise devant quelque chose d'aussi insignifiant que le temps qu'il fait. Les conversations autour de la pluie et du beau temps sont autant de prières muettes adressées à l'inconnu et à l'innommable. Une puissance impersonnelle se trouve au-dessus de nos têtes, puissance de la nature ou puissance qui ne porte aucun nom, dont les humains aussi font partie, dont ils sont une création, et au sein de laquelle ils finiront par reposer, laissant place à d'autres réalités dont ils ne peuvent avoir idée, dans un processus sans commencement ni fin. Se situant hors de la portée de l'homme, hors de la sphère de son contrôle ou de sa maîtrise, le temps qu'il fait participe donc d'un sacré n'ayant rien à voir avec les images anthropomorphiques véhiculées par les religions, sacré pour ainsi dire à l'état brut ou à l'état pur, sans le maquillage des mots, des mythes et des rites, sacré réel et non seulement supposé, sacré sauvage et non colonisé par la pensée humaine, sacré d'une puissance toujours déjà là, toujours en cours, irréfutable et concrète, nous touchant directement, affectant immédiatement notre corps vivant, le chauffant, le glaçant, le forçant à réagir, à se mettre à l'abri, à se vêtir ou à se dévêtir.

En regard du temps, l'homme retrouve sa place au sein du monde animal. Même s'il se protège davantage des intempéries que les animaux grâce à des tentes, à des maisons, à la création de milieux artificiels chauffés ou climatisés, l'homme devant les ouragans, les tempêtes, les pluies, les canicules, les sécheresses, s'agrippe lui aussi à la terre, est lui aussi forcé d'y ramper pour y trouver un refuge ou un abri, lui aussi appartient corps et âme à une puissance dont il n'est qu'un fragment minuscule, pour parler comme Spinoza. Alors même que l'homme s'apprête à manipuler de la haute technologie lui donnant un grand sentiment de puissance, il est fouetté dans son corps par les intempéries, il doit s'habiller en fonction de ce que la nature lui ordonne, il ne peut s'empêcher de frissonner ou d'avoir trop chaud. Le temps est une indication quotidienne des limites du pouvoir humain. Il est un signe patent de notre être-au-monde. Notre sensibilité est directement sollicitée, par-delà toute représentation. Nous sommes directement affectés par les éléments, par le soleil, les nuages, la pluie, la neige, le froid, le chaud. Chaque jour, dès le réveil, nous prenons la mesure des limites de notre pouvoir. Le temps n'obéit pas à nos désirs. Nous devons nous y adapter. Il sait nous surprendre. Même notre faculté de connaître et de prévoir est mise à mal. Participant du processus infini de création continuelle d'imprévisible nouveauté en quoi consiste la réalité ou la nature, le temps échappe souvent à nos prédictions et, par conséquent, à nos attentes. Alors que nous pensons que les choses vont se passer d'une certaine façon, le vent tourne — et le vent, comme l'esprit, semble tourner et souffler où il veut, ce «il» étant ici complètement impersonnel, comme dans les expressions «il pleut» ou «il neige» —, des phénomènes ou des mouvements imprévisibles se produisent, déjouant nos calculs et notre logique. Le temps, comme le reste de la nature, n'obéit à aucune logique, puisqu'il les invente toutes. Ou encore, il peut partiellement se laisser saisir par une logique, mais en la débordant nécessairement. Toute prise est partielle, limitée. À toute règle, il y a forcément de nombreuses exceptions. La pensée humaine elle aussi tourne, percevant tantôt du point de vue d'un fragment, tantôt du point de vue d'un autre. Non seulement elle perçoit ce qui lui est extérieur partiellement, mais elle-même ne cesse de varier, comme le temps, éprouvant tantôt de la joie, tantôt de la tristesse, tantôt aimant, tantôt détestant. Nos états ne cessent de varier. C'est dans l'esprit aussi qu'à la tempête succède le beau temps. Dans l'esprit comme dans notre environnement immédiat, il est difficile d'imaginer parfois comment il peut faire si froid alors qu'il a fait si chaud. C'est dans notre corps et notre esprit que nous sommes bousculés par les modifications, les transformations, les contrastes — «nous» ne faisant qu'un avec le corps et l'esprit. Chaque matin, en nous levant et en regardant le ciel par la fenêtre pour prendre le pouls du temps, nous adressons une prière muette à une puissance impersonnelle qui nous contient. Dans nos conversations quotidiennes sur la météo, nous pratiquons sans le savoir une religion naturelle. Nous participons à une puissance concrète, matérielle, étonnante, merveilleuse, terrible, énigmatique — mystérieuse en dépit de tout notre savoir —, qui nous englobe. Nous sommes entre ses mains pour le meilleur et pour le pire. Nous surgissons d'elle en naissant et retournons, en mourant, à son anonymat. Nous n'aurons été, nous aussi, qu'un éclair, qu'un coup de tonnerre, qu'un coup de vent.

48
L'autothérapie en acte

Le pathologique ne fait que mettre en évidence le normal de la même manière que sur un autre plan, selon Platon, les sociétés ne font qu'exhiber sur la scène publique les qualités et les vices qui existent de manière plus discrète ou cachée chez les individus. Par exemple, le cycle maniacodépressif découle directement du caractère fragmentaire de la pensée. Tantôt c'est la joie, tantôt la tristesse. Tantôt les choses sont perçues de tel point de vue, tantôt de tel autre. L'esprit est tantôt affecté négativement, tantôt positivement. Il n'y a pas de somme ou de synthèse possible, mais passage incessant d'un fragment, d'un point de vue, d'un affect à l'autre. D'un point de vue affectif, l'esprit monte et descend. La courbe peut être plus ou moins forte, et si elle devient trop forte, le normal tombe dans le pathologique. Ceux qui sont diagnostiqués maniacodépressifs ne font que mettre en lumière de manière extrême cette structure commune à tous les cerveaux ou à tous les esprits. Les êtres humains ne sont pas si différents les uns des autres. Certains éléments de cette structure seront réalisés ou actualisés différemment selon les individualités, les déterminismes et les circonstances. « Rien de ce qui est humain ne m'est étranger », a déclaré Térence. Il faut comprendre cette phrase au sens où, pour l'essentiel, nous sommes semblables les uns aux autres, partageant la même structure de base, la même condition, la même histoire. Nous faisons bien sûr référence ici à l'histoire de l'esprit. Se connaître, c'est par conséquent connaître également les autres, c'est voir ce qu'on a de commun avec eux, c'est saisir les autres dans ce qu'ils ont de commun avec soi, en un mot, atteindre l'universel au cœur du singulier. Certes, quand certaines potentialités se réalisent de manière excessive, il y a pathologie, et un thérapeute extérieur doit intervenir, la personne malade n'étant plus en état de se guérir elle-même. Mais le plus souvent, nous devons prendre les choses en main et nous observer, nous comprendre et nous guérir nous-mêmes, saisir ce qu'il en est de la pensée, de ses pouvoirs et de ses limites. Une faculté d'observation capable de comprendre immédiatement sans passer par l'analyse et la synthèse doit se mettre spontanément à l'œuvre. Cette faculté d'observation implique que la pensée se calme ou se taise, elle qui, précisément, ne cesse de changer et de devenir, de passer d'un état à l'autre, d'un affect à l'autre, d'un point de vue à l'autre en un processus sans fin, processus d'où naît le cycle maniacodépressif quand la machine s'emballe et devient comme folle. Il y a manière pour nous d'observer au plus près ce qui est, que cela soit positif ou négatif, joyeux ou triste. Cette faculté de voir est l'autothérapie en acte.

49

Ne pense pas, observe

Ne pense pas, observe. Telle pourrait être la meilleure façon de mettre en pratique le «Connais-toi toi-même» socratique. Si nous pensons en effet, nous le faisons forcément dans le sillage d'une autorité extérieure ou encore de la tradition. Le passé est notre maître et c'est lui qui nous dicte qui nous sommes, incapables que nous sommes de le voir par nous-mêmes dans le présent vivant. Or la formule socratique indique claire-ment que personne ne peut nous connaître à notre place. C'est un acte que chacun doit accomplir pour soi-même, que seul soi-même peut faire. Mais en quoi la pensée nous empêche-t-elle de le faire? Quoi qu'elle fasse et quoi qu'elle veuille, la pensée est toujours vieille, toujours le produit d'un certain conditionnement, toujours liée à une référence ou à une autorité. Elle ne peut établir un contact direct avec ce qui est. La formule vivante «Ne pense pas, observe» s'applique non seulement à la connais-sance de soi, mais encore à celle des autres et du monde. La pensée, de par la distance et la fragmentation qu'elle crée ou effectue, est incapable de voir, ou sa vision est limitée par ce qu'elle sait ou prétend savoir. Nous pourrions exprimer la même chose de manière négative. Ne laisse personne penser à ta place, aussi grande ou impressionnante cette personne soit-elle à tes yeux. Préfère l'ignorance à une connaissance qui ne vient pas de toi. Si tu ne sais pas, doute. Si tu acceptes l'autorité d'un autre — et c'est toujours ce qui se passe quand nous nous fions à la pensée —, alors même que tu cherches la sécurité et la clarté, tu es condamné à l'inquiétude et à la confusion. La pensée est intrinsèquement confuse puisqu'elle est incapable d'une vision entière. Ne te fie qu'à ce que tu peux constater par toi-même. Vérifie ce que l'on te dit. Il s'agit bien sûr ici de tout ce qui concerne la vie intérieure ou spirituelle, et non des informations de nature objective ou technique, encore que là aussi un sain scepticisme soit de mise. La pensée est tellement habituée à obéir. Elle a été formée au cours des siècles dans cette optique. L'homme-sujet a d'abord été assujetti et il l'est encore en grande partie. Sois ferme sur un point. Ne laisse aucune autorité t'imposer une vision de toi-même, des autres et du monde. Ne te laisse pas notamment imposer une religion, mais *relie-toi* par ton intelligence. Constate que tu n'as rien à gagner à soumettre celle-ci à qui que ce soit ou à quoi que ce soit. Si tu abdiques ta propre intelligence, tu es perdu. Tu n'es plus réellement humain ni réellement vivant, mais tu deviens, même sans le savoir, une espèce de zombi. Comment opère l'intelligence du corps entier? Elle ne pense pas, mais elle observe par-delà la pensée, l'autorité, la comparaison, puisque c'est également la pensée, l'autorité et la comparaison qu'elle observe. Elle seule permet de nous connaître jusqu'à la racine. Il ne s'agit pas en effet de savoir qui nous sommes en regard d'une identité supposée, de qualités ou de défauts, mais de nous voir jusqu'à la racine impersonnelle de notre être, jusqu'au mécanisme de la pensée propre à tous les humains et à l'aide duquel ces derniers entrent en contact avec les autres et avec le monde. Cette pensée, nous ne la contrôlons pas, puisqu'elle nous constitue. Nous la subissons, ne faisons qu'un avec elle, apprenons grâce à elle. Or c'est avec elle, avec son mécanisme et avec ses lois, que nous met directement et immédiatement en contact l'intelligence comme vision. Si nous ne voyons pas jusque-là, nous ne pouvons prétendre nous connaître, ni connaître les autres, ni connaître le monde.

50

Ce que l'on attend d'un écrivain

Quand on écrit — et cela est vrai, en fait, de toute activité artistique ou créatrice —, on est forcé d'insister sur un point, d'exagérer un certain propos afin de le mettre en évidence. La pensée ne peut pas tout dire, elle dit une chose à la fois, selon le point de vue ou le fragment privilégié. Partout où la pensée s'exerce, s'applique cette loi. L'on peut toujours accuser une œuvre d'art, un livre, un propos philosophique de trop insister sur un point et insuffisamment sur d'autres. Il ne peut en être autrement, cela est même nécessaire pour attirer l'attention du lecteur ou du spectateur. L'écrivain ne prétend pas tout dire, il essaie plus modestement d'attirer l'attention sur un point qui lui semble être négligé. Il accentue, amplifie, pousse en direction d'un certain excès. S'il ne souligne pas son propos, celui-ci ne sera pas entendu. C'est au lecteur ou à l'auditeur de mettre le propos en perspective, de le faire coexister avec d'autres points de vue ou d'autres positions. Nul ne peut donner une description exhaustive du réel. Celui-ci est inépuisable. La pensée ne peut en saisir que des fragments, alors que le réel, lui, est entier ou un. La pensée doit le diviser, laissant forcément de côté des aspects, en soulignant d'autres. L'œuvre d'art ou l'œuvre littéraire n'échappe pas à la règle. Une certaine fausseté est inévitable. Ce qui est dit ne peut correspondre exactement à ce qui est, mais en constitue plutôt un découpage et une sélection. L'écrivain fait ressortir certains traits de la nature humaine, traits qu'il trouve bien sûr en lui-même. Il peut insister sur le caractère sombre, problématique, terrible de l'existence. Cela ne fait pas de lui pour autant un individu triste, négatif, voire nihiliste. S'il met l'accent sur le côté douloureux de l'existence, ce n'est pas forcément par complaisance.

Ce peut être pour faire face à ce qu'il y a de problématique dans l'existence humaine. Faire face à ce qui est joyeux ou agréable, tout le monde en est capable. Le défi ou l'épreuve, c'est de regarder en face ce qui fait problème. Or la joie ne fait pas problème. On l'éprouve sans poser de questions. Ce n'est donc pas ce côté que l'écrivain aura tendance à souligner. Par contre, il y a du non-dit, de l'à peine perceptible qui, lui, fait problème. C'est cela que l'écrivain met en vedette. De l'extérieur, on peut le juger négatif, voire nihiliste, en train de rendre un culte diabolique à la souffrance. Toujours de l'extérieur, on peut trouver qu'il exagère, puisque sa vie n'est, tout compte fait, pas si terrible que cela, qu'il peut même, en dehors de son activité d'écrire, s'avérer un bon vivant. Qui plus est, pourquoi écrit-il, sinon parce que l'acte d'écrire lui procure une certaine joie? Si, dans son écriture, il insiste sur le côté sombre ou souffrant de la vie, ne se place-t-il pas dès lors dans une impossible contradiction? Cependant, c'est toujours à tort que l'on tente de voir ou de juger de l'extérieur. Une telle vision et un tel jugement sont forcément superficiels. Ils ne vont pas à la racine de ce qui est en jeu ou en question. Nous l'avons souligné, l'écrivain ne peut pas tout dire. Aucune pensée ne le peut. Sur quoi l'écrivain insistera-t-il? Cherchera-t-il à faire une synthèse des joies et des peines, son propos se confinant, dès lors, à une aimable banalité? Pourquoi dire dans l'œuvre ce que tout le monde sait déjà? Le bon sens n'a pas besoin d'un porte-parole de plus, puisqu'il ne cesse d'occuper le haut du pavé. Si l'écrivain prend la plume ou allume son ordinateur, c'est tout de même pour dire autre chose, pour aller voir derrière les apparences auxquelles en demeure le bon sens, pour sortir des clichés et des formules aussi évidentes que vides. C'est même ce qui caractérise l'œuvre d'art ou l'œuvre littéraire réussie: sortir des sentiers battus, mener à la parole le non-dit, proférer un propos inédit, voir et faire voir pour la première fois. C'est en insistant sur ce qui fait problème, en le dramatisant pour le faire ressortir, que l'écrivain joue son rôle de thérapeute de la civilisation, thérapeute des autres et de lui-même. À quoi peut en effet servir l'écriture, si ce n'est à apporter un peu de guérison pour les âmes qui sont secrètement malades derrière les apparences de la santé? La publicité pratique la pensée positive. Elle ne pose pas de questions, mais se contente d'exploiter les réponses déjà trouvées. On doit attendre tout autre chose d'une œuvre de création. On peut même exiger qu'elle ne joue pas le jeu de la superficialité et du consensus, qu'elle nous entretienne de ce dont personne ne parle, de tout le non-dit, de l'à peine dicible qui nous émeut et nous tenaille, de la vie brute dans laquelle nous nous trouvons en dépit des images et des modèles qui nous sollicitent et nous harcèlent. Si l'écrivain ne plonge pas au cœur du réel, s'il ne fait pas saigner un peu ce cœur afin qu'il révèle ses plis et ses blessures cachées, à quoi sert-il? Nous n'avons pas besoin d'un vendeur ou d'un publiciste de plus. L'écrivain doit révéler ce que le monde tient caché: l'irrésolu, l'indéterminé, l'incertain, l'inquiétant, le problématique, le fragile. C'est de ce qui est laissé de côté, de ce qui ne sert à rien, de ce qui fait souvent de la peine, de ce qui se dérobe aux opinions, personnelles et publiques, de ce qui fait bande à part, de ce qui remet en question les évidences, que s'occupe au premier chef l'écrivain. C'est là sa fonction privilégiée, ce pourquoi il est si nécessaire. Nous sommes submergés par les clichés, les banalités, les vérités du bon sens et du sens commun. Nous avons besoin de voir autrement, d'entrer en contact avec ce qui fait problème, avec le douloureux et le terrible que la société cherche, grâce au divertissement tous azimuts, à refouler. L'écrivain qui se respecte et qui respecte l'homme ne s'inscrit pas dans la société du divertissement. Il ne cherche pas à abêtir. «Divertir» signifie dévier le regard vers le facile et l'agréable afin qu'il n'entre pas en contact avec le problématique et le douloureux. Or, au contraire, ce qui motive l'écrivain à créer son œuvre, c'est le désir d'un tel contact, un immense désir d'entrer en contact avec la vie en toutes ses facettes, y compris les plus énigmatiques ou inconnues. L'écrivain écrit pour être un grand vivant. Il tente de proférer une autre vérité, celle qui, au point de départ, rencontre peu d'oreilles. En même temps qu'il tient son propos, l'écrivain doit créer les oreilles capables de l'entendre. Si l'on ne fait que proférer des clichés ou des banalités, si l'on en demeure à ce que tout le monde sait, on n'a pas besoin de créer de nouvelles oreilles, on ne fait que renvoyer un écho déjà entendu. Mais s'il s'agit pour l'écrivain de se mettre lui-même à l'écoute du non-dit, du caché, de l'à peine perceptible, de ce qui remet tout en question, de ce qui se trouve en deçà des vérités reconnues, en même temps qu'il crée ses propres oreilles, il doit créer celles des autres. En même temps qu'il apprend, il apprend quelque chose de neuf aux autres. Il explore, avance dans l'inconnu. Les conclusions déjà tirées, les évidences déjà reconnues ne peuvent que bloquer une telle avancée. Pourquoi explorer, découvrir, inventer si l'on connaît d'avance le but et la conclusion? Mais si l'on connaît d'avance le but et la conclusion, la vie est emprisonnée, elle étouffe dans un carcan, comment pourrait-elle être vraiment heureuse, saine et épanouie comme on le prétend? Derrière les sourires et les airs de satisfaction, s'agite un malaise, un mal-être, une angoisse indéfinissable, inexplicable. C'est au cœur de l'être humain que plonge l'écrivain. Qu'il ramène pour nous à la surface ce qui n'est ni connu ni reconnu, ce qui fait bande à part, ce qui garde le silence, ce qui murmure, ce qui crie, qu'il expose devant nos yeux ce que nous ne voulons pas voir, qu'il nous mette en contact avec des parties cachées de notre être et qu'il nous rende de la sorte plus ouverts, plus sensibles, plus vivants.

51

La rencontre du monde et du cerveau

Quand nous pensons, parlons ou écrivons, nous devons tenir compte de l'activité en question ou en cours, tenir compte également de la position de celui qui pense, parle ou écrit, sinon nous laissons de côté une part importante de ce dont il s'agit. De façon générale, la pensée et le langage s'effacent au profit de leur objet : telle est d'ailleurs la source de toute prétention à l'objectivité. C'est comme s'il n'y avait que celui-ci. Nous tombons dans un réalisme naïf, ce que nous ne pouvons pourtant plus nous permettre depuis Descartes, le premier à avoir mis en évidence le « je pense » et ce qu'il implique. Il est impossible après lui de ne pas tenir compte de l'homme et de la position qu'il occupe, de la nature et des fonctions de son cerveau ou de son esprit, de son implication a priori dans tout ce qu'il pense, dit ou écrit. En fait, il y a un seul mouvement impliquant le sujet et l'objet, ou encore la pensée et le monde. Après Descartes, tous les philosophes, au premier chef Kant, ont dû tenir compte de cette implication réciproque. Ce n'est pas un animal comme les autres qui pense, ni un extraterrestre, ni Dieu, à savoir un être tout-puissant, mais un être humain limité, occupant une place déterminée, en grande partie conditionné, formé par la nature et par l'histoire. S'impose la nécessité de le connaître à l'égal du monde dit objectif — et qui l'est en réalité si peu, compte tenu de l'implication nécessaire de la subjectivité humaine dans son appréhension, non seulement dans son appréhension mythique ou religieuse, mais aussi philosophique et scientifique. Même dans la science en effet, c'est le cerveau humain qui connaît ou saisit le monde. Quand la science est dite pure, le cerveau saisit le monde à l'aide du langage mathématique. Quel est le lien de ce langage avec le cerveau humain ? Le langage mathématique n'est-il pas comme les autres? Il épouse les circonvolutions du cerveau, correspondant à ses structures profondes. N'est-il d'ailleurs pas une création ou une construction de ce cerveau, sans qu'il acquière pour autant une extériorité, tellement il appartient aux structures fondamentales de ce cerveau? Il ne s'agit pourtant pas de tomber de l'autre côté, dans la pure subjectivité. Le langage mathématique établit au contraire le lien entre le cerveau et le monde. Mais tout langage fait de même. Les circonlocutions de tout langage épousent également les circonvolutions du cerveau. L'appréhension du monde, qu'elle soit philosophique, scientifique, littéraire, artistique, se fait au diapason des structures du cerveau ainsi que de l'histoire de l'esprit, ce dernier étant pris ici comme la face culturelle ou symbolique du cerveau physique, chimique et biologique. Dans toute pensée, dans toute parole, dans tout écrit, monde et cerveau se rencontrent, plus encore s'épousent, se pénètrent, dialoguent, s'interrogent. Dans toute philosophie, dans toute science, dans toute littérature, dans toute pratique artistique, il doit donc y avoir, pour que la démarche soit lucide, une prise en compte de l'homme, de sa sensibilité, de son histoire, de sa place ou de sa position. D'un autre côté, il n'est pas non plus possible de ne regarder que l'homme, comme c'est aussi trop souvent le cas, à savoir un homme déconnecté de son monde ou de son environnement, de ce à quoi il est relié par toutes les fibres de son corps ou de son esprit — l'esprit étant ici synonyme du corps vivant. On ne peut parler de l'homme isolé, car l'homme n'est pas isolé, il a besoin de l'air pour respirer, de l'eau pour étancher sa soif, de la terre pour le porter, du feu pour le réchauffer. Il a besoin de beaucoup d'autres choses encore pour être en bonne santé physique et mentale, pour éprouver la joie plutôt que la tristesse. Il a besoin en effet d'un milieu de vie qui respecte sa sensibilité, il a besoin d'une nature au sein de laquelle il puisse trouver la solitude et le silence afin de se retrouver lui-même, il a besoin du noir complet de la nuit afin de voir le ciel étoilé et de saisir sa juste place dans l'univers. Il a besoin d'amitié et d'amour pour se réaliser. Il a besoin de créer comme le fait la nature dont il fait partie. Il a besoin de beaucoup d'autres choses encore impliquant des liens profonds avec les pierres, avec les plantes, avec les animaux, avec les autres humains, avec le monde. Si l'on ne tient pas compte dans l'appréhension de l'homme de toutes ces relations néces-saires — que cette appréhension se fasse par l'entremise d'une science humaine, d'une pratique littéraire ou artistique, ou encore et principa-lement sans doute dans notre monde actuel, par l'entremise d'une intervention technologique —, l'on mutile l'homme. L'écrivain fait sa part en tenant compte du langage, de la sensibilité et de la pensée dans son entreprise. Mais cette prise en compte doit se faire dans toutes les activités, gage d'ailleurs de leur pertinence ou de leur réussite. Si cette prise en compte n'a pas lieu, on ne fait que perpétuer l'illusion d'un monde séparé ou d'un homme isolé et l'on ne contribue par conséquent pas à la compréhension des liens indissolubles entre l'homme et le monde.

52

Les apparences

Les apparences sont trompeuses parce que nous ne voyons le plus souvent qu'un aspect à la fois, ou encore parce que nous privilégions certains aspects et en occultons d'autres. Sur le plan interpersonnel, nous n'avons pas accès directement au rapport à soi constitutif d'une individualité. Comment une personne se sent-elle au fond d'elle-même ? Voilà ce qui est beaucoup plus important de connaître que son apparence physique, son statut social, la liste de ses titres, la somme de ses accomplissements. Mais comment savoir comment une personne se sent au fond d'elle-même ? Le sait-elle elle-même ou n'est-elle pas plutôt confuse à son propre endroit, son état en effet ne cessant de varier ? Même dans le for intérieur, là où la personne est apparemment seule avec elle-même, les apparences sont trompeuses. Est-elle vraiment seule ou n'est-elle pas au contraire profondément influencée par les valeurs de la culture et de la société ? De plus, quelqu'un peut éprouver des excitations et des plaisirs à cause de circonstances extérieures aléatoires. Si celles-ci changent, les excitations et les plaisirs tombent, laissant la place à un état d'esprit plus douloureux et plus sombre. Excitations et plaisirs ne faisaient que recouvrir superficiellement cette douleur et cette obscurité. En fait, la réalité extérieure et intérieure ne cesse de changer et changent en conséquence les affects qu'éprouve une personne.

Qui peut prétendre se connaître ? Nous sommes tant de choses ! Des circonstances imprévues peuvent révéler des aspects de notre être que nous ne soupçonnions pas. Un seul événement peut entraîner l'effondrement de notre monde : l'échec d'une entreprise, une rupture amoureuse, un accident, un phénomène naturel catastrophique, la perte d'un être cher. Ces événements ne sont certes pas sur le même pied. Ils ont tous cependant le pouvoir de tout bouleverser. Là aussi, les apparences sont trompeuses. L'individu qui semble si fort peut s'effondrer d'un coup avec le monde qui le soutient. Sa force ne tenait qu'à un fil. Nous l'expérimentons au cours d'une journée. Sans qu'il y ait d'événements tragiques ayant l'ampleur de ceux que nous avons évoqués, il suffit d'une parole de trop, d'un geste d'impatience, d'une attente déçue, d'un changement brusque de nos habitudes pour que nous soyons contrariés et que notre bonne humeur devienne mauvaise. Nous sommes si sensibles, notre équilibre est si précaire, aussi précaire que notre santé et que notre vie, aussi précaire peut-être que l'équilibre même de la terre, qui dépend de tant de facteurs cosmiques imprévisibles. En conséquence, il n'y a jamais pour nous de quoi pavoiser ou de quoi nous sentir à l'abri ou en sécurité. Nous sommes toujours en danger. Non seulement la terre l'est, notre vie l'est, notre état physique et mental l'est aussi. Nous ne pouvons nous fier à certaines apparences qui nous rassurent et nous endorment, d'autant moins que ces apparences sont produites par une société qui pratique le divertissement tous azimuts, c'est-à-dire qui déploie d'immenses moyens pour ne pas regarder la réalité en face, pour droguer ou abêtir l'esprit. La société est gouvernée par le principe du plaisir. Il nous faut être heureux à tout prix. Toutes les illusions sont convoquées pour atteindre un tel but. Règnent la facilité et la superficialité. Mais que se passe-t-il derrière les apparences de bonheur et de réussite ? Voilà ce qu'on ne veut pas voir, ce qu'on n'a pas les moyens de voir, tellement nous appliquons dans notre for intérieur le même principe, celui du divertissement ou du plaisir. Le règne du divertissement signifie le refus de faire face, le refus de voir. Mais en fuyant ce qui est, en se fuyant lui-même, l'être humain perd de sa force, de son intelligence et de sa sensibilité.

53
Le danger

Nous ne devons jamais perdre la vive conscience que nous sommes en danger, et cela sur tous les plans : physique, psychique, politique et cosmique. Il suffit que notre attention se relâche pour que nous tombions dans le piège. Il est facile de nous laisser aller, surtout quand les choses vont bien, peut-être parfois même trop bien. N'est-ce pas ainsi que les civilisations dominantes tombent en décadence ? Les individus se relâchent, se laissent aller, perdent les valeurs et les qualités qui les ont fait jadis triompher. La décadence est la terrible rançon de la gloire. Cela est vrai sur le plan collectif et sur le plan individuel. Nous pouvons nous laisser emporter par les événements et cesser d'être vigilants, à savoir d'être présents à tout ce qui est, y compris les éléments apparemment insignifiants. Il nous faut sans cesse apprendre de ce qui arrive, de nos actions, de nos réactions, y compris quand ce qui arrive, nos actions et nos réactions laissent à désirer. Seulement ainsi pouvons-nous demeurer pleinement vivants, même au sein de l'épreuve. Si nous nous laissons aller, nous installons dans des positions, nous risquons de pratiquer à notre insu la logique du pire. Cette logique implique l'engendrement du mauvais par le mauvais. Quelque chose va mal dans un aspect de notre vie et cela va se répercuter ailleurs, dans une espèce de contagion sournoise du mauvais. Prenons un exemple ordinaire : cela va mal au travail, mon humeur en est affectée, je suis irascible avec ma compagne ou mon compagon, mon fils ou ma fille, et la chaîne négative continue, touchant le rapport à moi-même dans ce qu'il a de plus intime, introduisant en moi la tristesse, éventuellement la dépression. La vigilance brise la chaîne négative, l'empêche de s'étendre et de dégénérer. Le négatif est saisi à bras-le-corps dès qu'il se présente, de telle sorte qu'il puisse trouver une issue positive. Au lieu qu'il produise la destruction, l'attention l'insère dans un processus de création, que celui-ci se passe à l'échelle d'une activité spécialisée, comme celle d'écrire, de peindre, de danser, de jouer sur une scène, ou qu'il se passe à l'échelle de la vie quotidienne. Des événements surviennent. Nous sautons dans un train en marche. Il suffit de peu pour que celui-ci soudain déraille. Il suffit d'une parole de trop, d'un geste de trop, d'une colère trop forte, d'une décision trop brusque, d'un coup de tête ou de folie. Si la réalité vivante prend du temps pour se construire, elle peut être détruite en un instant. C'est comme pour la vie. Il faut tellement d'égards, tellement de soins, tellement de persévérance, tellement d'amour pour amener une vie à son éclosion et à sa maturation. Et un seul geste de haine, quand ce n'est pas un stupide accident, peut y mettre fin. D'où la vive conscience du danger, peu importe la situation objective dans laquelle nous nous trouvons. Nous savons que le danger peut venir de partout, du fond du cosmos, du fond de la nature, du fond des misères et des conflits se passant même loin de la maison, du fond de la société qui est la nôtre, du fond de notre propre psychisme. Il ne s'agit pas de devenir paranoïaques, car la paranoïa est elle aussi un danger. Il nous faut simplement demeurer non seulement sans préjugés, mais plus radicalement sans idées, de manière à être ouverts, disponibles, attentifs. Nous devons, comme les animaux, être aux aguets, à l'affût. Comme pour eux, c'est une question de vie ou de mort, vie ou mort psychique, spirituelle, et pas seulement physique. C'est le sens de notre vie qui est chaque fois en jeu. Et qu'est-ce que le sens, sinon l'affect de joie? Ce sens ne peut se reposer sur aucun acquis. Les accomplissements passés ne sont garants de rien, la vie recommençant sans cesse, renaissant chaque matin après la mort nocturne. Se reposer sur les acquis est la façon la plus coutumière de manquer d'attention. Le passé devient le juge du présent. Mais le présent se moque des jugements. Il constitue une nouvelle apparition, lance un nouveau défi. Pour vivre pleinement le présent en tant que nouveau ou que vivant, il nous faut abandonner le passé, ses nostalgies et ses attentes, ses échecs et ses réussites, ses blessures et ses plaisirs. Il nous faut chaque matin perdre de nouveau la face, la réputation, le statut, faire le deuil des images, les bonnes et les mauvaises, afin de voir ou d'observer du fond de notre ignorance, afin de demeurer pleinement vivants.

54
Vigilance et vitalité

Plus le défi est grand, plus nous devons être vigilants. Cette vigilance n'est pas nervosité, fébrilité, mais calme profond au cœur de la tempête, faculté de voir au sein du brouillard et de la confusion. C'est au cœur de tous les événements que le contact se fait immédiatement avec ce qui est. Grâce à ce contact, retentit un certain silence, vibre un certain vide. C'est ce silence ou ce vide qui permet d'être vigilant, qui crée l'espace pour voir, qui produit une énergie joyeuse. La joie n'est donc pas contraire au défi, voire à l'épreuve. Elle n'est rien d'autre que l'affect du vide, que le symptôme de l'attention, que ce que l'intelligence du corps éprouve lorsqu'elle s'exerce. Ce n'est pas un chemin assuré qui se déroule devant nous, mais une aventure et un apprentissage sans fin. Nous devons suivre le cheminement des événements dans leurs méandres, leurs sauts et leurs soubresauts, leur multiplicité, leurs paradoxes. Aucun chemin n'est tracé d'avance. La joie n'est jamais garantie. Elle est vivante, donc bouge sans cesse, traversant l'épreuve, traversant la souffrance. Plus il y a d'épreuves, plus il y a de souffrance, plus l'intelligence du corps doit s'exercer, non pas pour contrôler, maîtriser, combattre, refouler, mais pour être le témoin attentif de ce qui se passe. Ce n'est pas un Dieu extérieur ou transcendant qui sauve, quoi qu'en pensent les prêtres et certains philosophes, mais le contact avec ce qui est, tel qu'il est, dans son mouvement, sa diversité, son étrangeté. Le salut n'est pas au-delà, mais ici et maintenant. Il ne réside pas après la mort, mais dans une manière de vivre. Tant qu'il y a contact, la vie s'alimente à l'énergie de la réalité. Cette réalité mystérieuse, changeante, imprévisible est à la source de la vitalité. La vitalité ne s'alimente pas à l'illusion ou à un quelconque idéalisme. Elle s'alimente à la véritable nature des choses, y compris dans leurs aspects problématiques, douloureux, terribles. Nous ne nous contrôlons pas, mais nous pouvons nous observer tels que nous sommes. Cette observation est la source de l'intelligence, de la vitalité et de la joie. Si nous ne nous voyons pas, si nous perdons le contact avec la réalité changeante, y compris la nôtre, nous sommes perdus, et c'est alors que nous avons besoin d'un Dieu pour être sauvés. Mais ce Dieu, loin de nous sauver, ne nous enfonce que plus avant dans notre illusion et notre confusion, puisqu'il nous sépare davantage de nous-mêmes, de la terre, de la vie, de la réalité. Il nous fait rêver, et tout rêve devient vite cauchemar. Il ne s'agit pas de fuir au loin, mais plutôt d'habiter au plus près, non pas d'attendre, mais d'être attentif. Quoi qu'il arrive, quoi que tu ressentes, même si tu te sens perdu, même si tu paniques, même si tu éprouves la plus grande confusion, observe. Observe l'état changeant dans lequel tu te trouves, non pas dans le but de lui résister, de faire un effort pour le changer, mais simplement pour être enraciné dans la réalité mouvante, changeante — pour demeurer en contact intime avec le corps et avec la terre, avec les animaux, avec la lune et avec les étoiles —, pour ne pas te laisser emporter par tes idées, tes croyances et tes illusions qui, aussi belles soient-elles, ne peuvent que te nuire, que t'enlever ton énergie, que miner ta vitalité, que paver la voie à la tristesse. Maintiens le contact avec ce que tu éprouves. Sens au-delà de ce que tu comprends. Tu ne peux tout comprendre puisque tu es toi-même compris dans quelque chose qui te dépasse. Habite ta souffrance, habite ton angoisse. Sois complètement ton incertitude, ne lui résiste pas, ou si tu résistes, sois cette résistance. C'est de l'obscurité même que vient la lumière, de la confusion même que vient la clarté. C'est de la faiblesse que vient la force. C'est du contact avec l'inconnu que naît l'intelligence. Ne prétends rien, ne conclus rien, regarde. Et si tu prétends ou conclus, demeure ouvert de sorte à remettre en question ta prétention ou ta conclusion. Laisse le mystère de ce qui est t'instruire. Laisse-toi guider par la diversité, la multiplicité, la complexité de ce qui est. Que ton cerveau soit comme la voûte céleste, ouvert à tous les corps, sans point de vue et sans direction, simplement ouvert. Seulement dans cette ouverture, ce qui est peut-il apparaître dans sa diversité et son étrangeté. Ne te prends pas pour un autre. Habite également ta faiblesse et ta force, ta tristesse et ta joie. Passe de l'une à l'autre selon les vents, les tourbillons et les courants. Passe de l'obscurité à la lumière, de la nuit au jour, de l'hiver au printemps, puis de l'été à l'automne. Passe de la jeunesse à la maturité, de la maturité à la vieillesse. Nais, vis et meurs.

55

La compassion

La compassion n'est pas complaisance dans la tristesse. Bien au contraire, elle vise à créer la joie. Elle a pour origine une commune condition de fragilité et de finitude. Un rien peut nous rendre malades, voire nous terrasser. Nous sommes à la merci d'un accident qui peut soudainement transformer notre vie, que cet accident vienne de la nature, sous la forme d'un ouragan ou d'un séisme, qu'il vienne de la culture sous la forme d'un accident de voiture ou d'un accident de travail, qu'il vienne enfin de l'intérieur même du corps, sous la forme notamment d'un accident vasculaire cérébral. L'accident, par définition, ne fait pas partie des plans. Il les déjoue complètement. Il ne tient pas compte des acquis ni des projets. Il surgit tel un barbare au cœur de la civilisation. Nous pensons à tout autre chose, nous planifions un avenir sans tenir compte de lui. Et il survient, bousculant tout. La compassion est l'affect d'un être fragile à l'endroit d'un autre être fragile. C'est un affect de solidarité au sein d'une condition commune, où l'on naît, tente de vivre du mieux que l'on peut, vieillit irréversiblement et meurt.

Même si aucun accident fâcheux ne survient, le vieillissement normal du corps nous met dans une condition commune et solidaire de fragilité. Au fur et à mesure qu'il avance en âge, le corps perd de ses forces et de ses pouvoirs. Le cœur ou l'esprit a beau rester jeune, le corps, lui, ne suit plus au même rythme. Alors même que l'esprit a atteint une jeunesse qu'il ne connaissait pas quand le corps se trouvait au faîte de ses capacités, le corps fait pourtant faux bond, entraînant bien malgré lui l'esprit dans son déclin et sa ruine. En disant cela, nous ne plaidons pour aucun dualisme esprit-corps. Pour nous, les deux ne font qu'un. Nous assumons

pleinement la parole nietzschéenne : « Je suis corps de part en part. »
L'esprit n'est rien d'autre que la vie ou la vitalité même du corps. Il n'y a
d'esprit que du corps : il est le corps vivant. Cependant, les choses sont
ainsi bizarrement faites que le corps et l'esprit — si nous persistons,
comme nous y encourage la tradition, à les appeler ainsi — n'évoluent pas
toujours au même rythme. Alors que le corps est jeune, l'esprit peut se
sentir vieux, désemparé ou même blasé — comme s'il avait tout vécu,
comme s'il avait goûté à tous les fruits —, à la recherche de lui-même, ne
trouvant pas de sens à la vie, gaspillant une force qui lui est abondamment
donnée. Par ailleurs, alors que le corps est devenu vieux, l'esprit peut se
sentir jeune au contraire, goûtant chaque instant comme il ne le faisait pas
quand il en avait pourtant la pleine capacité, étonné comme un enfant
par le mystère de ce qu'il y a, alors même qu'il ne voyait rien, n'entendait
rien, ne sentait rien quand les sens du corps étaient au sommet de leur
force. Là aussi, la condition humaine a quelque chose d'étrange et de
tragique, suscitant la compassion. Les humains font d'énormes efforts
pour construire leur vie et lui donner une signification, et un événement
survenant du dehors ne tient aucun compte de ces efforts, les balayant
d'un seul coup. N'est-ce d'ailleurs pas ce que fait la mort ? Elle ne tient
aucun compte de tout ce qui a été patiemment édifié, de tout ce qui a été
fait et de tout ce qui pourrait encore être fait. Elle coupe le fil de la vie en
plein milieu et renvoie brutalement ce qui a été fait et ce qui reste à faire à
l'inaccompli. Le sens aménagé par l'homme s'effondre comme un
château de cartes soufflé par un coup de vent. À l'endroit de cet autre trait
de la condition humaine, s'exerce également la compassion.

Ne nous méprenons pas toutefois, la compassion est vraiment une
force, à la fois d'amour et de joie. Cependant, cette force prend racine
dans la fragilité commune à tous les humains. Que ce soit à cause de leur
vulnérabilité face à tout ce qui peut survenir de surprenant et de mauvais,
de leur mortalité irréductible, de leur situation souvent insoutenable ou
impossible, de leur immense capacité de souffrir, les êtres humains com-
munient au sein de l'épreuve par l'affect de compassion. Celle-ci n'est pas
la pitié. Elle ne regarde rien de haut, elle n'est colorée d'aucune cruauté,
elle n'établit pas de comparaison. Elle est amour spontané au sein de la
commune détresse, de la tragédie partagée. Cette détresse ou cette tragédie
ne signifie cependant en rien le triomphe de la tristesse. La compassion
transforme le négatif en positif, l'épreuve en façon d'avancer envers et
contre tout, la difficulté en ouverture sur le tout autre. C'est paradoxalement souvent au sein de l'épreuve que l'homme goûte une force qu'il ne
sentait pas quand il était en possession de ses moyens. C'est souvent au

sein de l'épreuve que les petits riens sont élevés à la dignité d'événements, alors que même les plus belles réussites laissaient insatisfait quand les choses allaient bien. C'est la force de la compassion ou de l'amour qui transforme ainsi l'obstacle en tremplin, l'impossibilité en nouvelle possibilité, l'immense tristesse de l'épreuve en force et en joie inédites.

56

La fuite ou le divertissement

Le divertissement a toujours occupé une place de choix, et cela, à toutes les époques. Il y a là quelque chose qui touche à la structure profonde de l'être humain. Ainsi, la recette du *panem et circenses* a-t-elle fait ses preuves. Cela dit, les moyens technologiques actuels ont donné au divertissement une ampleur inégalée. Au moyen du divertissement, l'homme fuit le réel. Mais si le réel n'est pas empoigné, il ne peut y avoir solution des problèmes vitaux et il ne peut, par conséquent, y avoir joie profonde ou véritable. C'est pourtant au nom de la fuite de la souffrance que l'on pratique le divertissement ou, plus positivement exprimé, au nom de la «recherche du plaisir». Cependant, pour que le plaisir s'enracine dans le terreau fertile de la joie, il faut d'abord faire face à toutes les facettes de la réalité, y compris celles qui sont terribles et douloureuses. C'est en effet en empoignant la réalité telle qu'elle est que l'homme trouve sa puissance. Et c'est, au contraire, de se sentir déconnecté de cette réalité, de sentir qu'il n'a pas d'emprise sur elle, qu'il demeure à côté ou à distance d'elle, que l'homme éprouve la pire souffrance, celle de l'esprit. L'esprit n'étant rien d'autre que la vie, quelle pire sensation peut-il y avoir que celle de se sentir à côté de la vie, séparé d'elle, non complètement vivant? Telle est la source du malheur profond auquel le divertissement contribue en pensant au contraire le fuir.

Peu importe les situations dans lesquelles nous nous trouvons, qu'elles soient objectivement heureuses ou malheureuses, nous tirons notre puissance et donc notre joie de l'acte de faire face, d'empoigner, de saisir à bras-le-corps, toute fuite contribuant au contraire à nous affaiblir et, par conséquent, à produire en nous l'affect de tristesse. Le mieux qui puisse nous arriver, c'est d'être pleinement vivants, peu importe ce que nous vivons. Que ce soit heur ou malheur, force ou faiblesse, qualité ou défaut, vertu ou vice, vivons-le complètement. Nous ne savons pas comment le faire? Faisons-le sans le savoir. Faisons-le d'emblée, faisons-le tout de suite — car la vie n'attend pas —, même en tâtonnant, même en ignorant comment le faire. Mais justement, il n'y a pas de «comment». Il n'y a que l'acte même de vivre au mieux de nos capacités, en gardant les yeux ouverts, même si nous nous trouvons dans la brume ou le brouillard. Il n'y a pas de demain, de plus tard sur ce plan, donc pas de préparation, d'attente, de visée. Il n'y a que l'acte de faire face à ce qui est, même si nous sommes peu préparés pour y faire face, même si nous sommes, comme tous les autres, pleins de défauts et de lacunes. Du moins y a-t-il en nous une pure vitalité sans cause et sans raison, qui brûle les problèmes, faute de pouvoir les résoudre, qui agit immédiatement, faute de comprendre ou d'expliquer d'une manière verbale ou analytique. Sur ce plan, l'action est tout. Cette action est intelligente dans la mesure où elle découle de la vision du corps entier, à savoir de la capacité de ce dernier d'épouser ce qui est. Il ne s'agit pas là d'une fusion ou d'une osmose, mais plutôt d'une forme intense de sympathie. C'est une affaire d'amour. C'est la vitalité qui nous amène à faire corps avec ce qui arrive de sorte à pouvoir y intervenir de manière intelligente. Et si nous commettons une erreur, nous apprenons de celle-ci et ajustons le tir. Il ne s'agit pas là d'une position dogmatique ou sûre d'elle, comme si nous avions enfin trouvé la vérité. Il s'agit au contraire d'une position de vulnérabilité, où nous ne savons pas d'avance ce qui arrive, où ce qui arrive est profondément nouveau, vivant ou inconnu, où nous abandonnons nos préjugés et nos jugements, nos images et nos idées, où nous acceptons d'avancer sans savoir où nous allons, car nous savons que nous ne faisons que cheminer sur un chemin sans fin, celui de la vie ou de la réalité. Il nous suffit d'être ouverts, car c'est là la condition pour voir ou pour apprendre. Nous savons que la vie est dangereuse, que nous contrôlons en fait peu de choses, qu'il y a sur le chemin plein de surprises, bonnes et mauvaises. Nous ne nous sentons pas au-dessus de la mêlée, nous sommes plutôt dans la mêlée, notre corps se relie aux autres corps, non seulement ceux des autres humains, mais également ceux des animaux et des machines, ceux du ciel et de la terre.

57

La grande et la petite raison

Quand nous sommes confrontés à un défi, nous ne pouvons savoir d'avance comment nous allons réagir. Nous pouvons y penser, établir un plan, mais le défi en tant qu'il est vivant ne peut que nous surprendre. Nous-mêmes en tant que nous sommes vivants ne pouvons que nous surprendre. Il nous faut être attentifs afin de ne pas imposer à la réalité une réaction «toute faite» ne tenant pas compte de son devenir ou de ses métamorphoses. L'attitude la plus intelligente n'est pas de savoir d'avance, d'avoir une stratégie ou un plan d'attaque, mais d'être attentif ou vigilant, gage de l'intelligence de notre action découlant directement de l'observation de ce qui est. Nous tentons constamment de nous pousser dans une direction ou dans une autre, de nous convaincre d'agir ou de réagir de telle ou telle façon, au nom d'un principe ou d'une idéologie, ou encore au nom de ce que nous ressentons à un moment donné, moment vite dépassé par ce qui arrive ou survient au fil du temps vivant. Il n'est pas question de prôner ici l'attente ou l'indécision. Faisons simplement en sorte que la décision émane de la faculté d'observer du corps entier, et non d'un simple moment ou fragment de la réalité vivante. Il nous faut découvrir ce que nous ne savons pas et, pour cela, il ne faut pas nous figer dans une position déterminée, une réponse déjà trouvée. Il nous faut au contraire laisser la question ouverte, laisser le défi ou l'épreuve se déployer de manière à révéler ce qui est caché de nous-mêmes ainsi que de la réalité à laquelle nous avons à faire face.

Il nous faut certes agir, mais l'enjeu est que cette action soit la plus intelligente possible, qu'elle émane par conséquent de l'intelligence du corps entier — véritable raison du corps qui n'a rien de spécifiquement «rationnelle» au sens où l'on entend habituellement ce qualificatif, mais qui comprend également les raisons du cœur que la raison ne connaît point, pour parler comme Pascal. Si la raison n'est pas l'intelligence du corps, elle n'est qu'un fragment spécialisé, elle s'avère incapable d'être un guide fiable, elle n'est que la pensée, capable certes de régler certains problèmes, mais incapable d'en régler d'autres puisque c'est elle qui les crée. Dans la tradition philosophique, on a trop souvent identifié la raison à la pensée, même sous la forme la plus rigoureuse ou logique de celle-ci. Une telle raison demeure trop étriquée, incapable de faire face à la vie en son parcours subtil, fractal, souvent insaisissable. Il nous faut une intelligence plus ample et plus profonde, plus subtile elle-même, épousant le devenir et les méandres de ce qui arrive. C'est le corps vivant qui est une telle intelligence, qui mérite en ce sens le nom tant valorisé de raison. Comme le dit Nietzsche, le corps est une grande raison, alors que la pensée n'est qu'une petite raison, fragmentaire, percevant à partir d'une distance ou d'une division, toujours en retard sur le réel ne cessant de procéder et d'aller de l'avant. La petite raison reste accrochée à un savoir, à des conclusions, à des décisions, à des déterminations, alors que la grande raison demeure vivante, ouverte, disponible, attentive, apprenant sans cesse au fil de la perception, ne se refermant sur aucun savoir. C'est la petite raison qui se referme sans cesse sur une image, sur une expérience, sur un bilan, de sorte qu'elle doit sans cesse être de nouveau violentée par la réalité afin de pouvoir s'ajuster à ce qui arrive, à ce qui survient, à ce qui apparaît. La petite raison a ses antennes tournées vers le passé, elle est un produit de la mémoire et c'est de ce point de vue qu'elle tente d'appréhender le futur. La grande raison, elle, n'est d'aucun temps, elle ne fait qu'un avec le processus vivant, elle ne tente pas d'intégrer le futur au passé, mais elle passe avec le temps, elle épouse son mouvement, elle est l'immanence de ce qui survient, la lumière de ce qui arrive en tant que cela est obscur ou inconnu. Alors que la petite raison garde ses distances, celles constitutives d'une séparation ou d'une transcendance, la grande raison fait corps avec ce qui arrive, ne le jugeant pas, ne le justifiant pas, ne le condamnant pas, ne l'expliquant pas, ne tirant pas un trait ou une conclusion à son endroit, mais l'éclairant simplement de l'intérieur, le faisant vibrer de l'intérieur, cette vibration se faisant ressentir dans l'affect d'amour et de joie. Alors que la petite raison, forte de sa distance, violente la réalité, la grande raison entre en contact délicatement avec elle, puisqu'elle est cette réalité. Si la petite raison est nécessaire pour résoudre certains problèmes précis de nature technique, problèmes faisant appel à une habileté ou à une expertise, la grande raison est *essentielle* pour conférer un sens profond à notre vie, non un sens découlant d'une formule, d'un savoir, d'un espoir ou d'une croyance, mais un sens immanent ne faisant qu'un avec l'acte même de vivre, de sentir, de percevoir, d'être en contact avec le mystère de ce qui est.

58

La logique du corps

La logique du corps est différente de celle de la pensée. Le corps ne sait pas, il avance en tâtonnant et en découvrant. Il ne s'attend à rien. Il est partie prenante de ce qui arrive. Lui-même ne cesse d'arriver! Il advient à lui-même par la voie de la conception, de l'embryon, du fœtus, de la naissance. Il vieillit, subit les assauts de maladies et d'accidents, fait le deuil d'une certaine beauté propre à la jeunesse, rencontre d'autres corps sur le mode de l'attirance ou du rejet. Il ne cesse d'apprendre sur le tas. Il ne cesse également de se trouver devant l'inconnu des autres corps, devant l'inconnu des événements qui surviennent. La pensée, de son côté, prétend déjà savoir, conditionnée qu'elle est par une religion, une philosophie, une science, une technique, une idéologie quelconque. Elle porte en elle les mécanismes de protection formés au cours de l'évolution et de l'histoire de l'humanité. Elle a des appréhensions, des attentes, des réactions, tout un système de protection — de défense et d'attaque — déjà prêt, peu importe l'événement qui survient. Elle répond souvent d'une manière prévisible, répétitive, conditionnée, automatique. Il lui est difficile de ne pas savoir et d'apprendre, puisqu'à la fois le passé de l'humanité et le passé individuel se sont déposés en elle, contribuant à la constituer. Elle est pleine de marques et de traces. Elle n'a pas l'innocence du corps. C'est d'ailleurs là une chose remarquable. La pensée est habile, retorse, pleine d'images, portant haut une mémoire, une réputation, un statut, tentant de projeter telle ou telle image de force et de pouvoir. Le corps, quant à lui, est fragile, vulnérable, gardant toujours en ses plis, en ses cicatrices, en sa configuration, en ses manières et gestes, une espèce d'innocence l'apparentant à celle de l'enfance. D'ailleurs, la pensée de l'enfant est encore rudimentaire, sans prétention, sans poids, ce qui fait que son corps peut s'exposer plus librement et sans entraves. De cela découle le charme de l'enfant, proche de celui de l'animal. Le corps s'expose à nu dans sa vulnérabilité, son ignorance, son tâtonnement, son incertitude, son indétermination, son innocence si proche de celle de la nature ainsi que de tous les individus qui en font partie. En comparaison, le corps de l'adulte semble vouloir s'effacer au profit de la pensée et de tout ce qu'elle contient — puissance, pouvoir, importance et prétention du moi, réputation, statut ou fonction, liste des possessions, accomplissements ou réalisations, etc. La pensée occupe le premier plan, quant au corps, il se cache derrière, engoncé dans son costume et recouvert de son maquillage. Cependant, le charme ne se fait sentir que dans la mesure où le corps, malgré tout, affleure derrière la carapace de la pensée si respectable et si conformiste. Le corps recèle une vérité irréductible, même si elle est impossible à saisir ou à interpréter, qui nous interpelle derrière les images que la pensée projette pour se protéger. Le corps est toujours plus éloquent que la pensée. Il montre ce que la pensée tait. Plus encore, il montre souvent le contraire de ce qu'elle dit, croit ou laisse croire. Alors que la pensée se montre sûre d'elle-même, se mettant en honneur ou exhibant ses réalisations afin d'être aimée ou admirée, le corps expose crûment sa vulnérabilité, sa fragilité, ce qui reste irréductiblement d'enfance, voire d'animalité, en lui. Devant un corps devenu vieux, nous avons la même attitude attendrie que devant le corps chancelant d'un enfant. La pensée — sa réputation, ses réalisations — se résorbe alors, comme dans l'enfance, au profit d'une innocence retrouvée du corps. Dans tous les cas, derrière ce que la pensée affiche, derrière l'image convenue qu'elle expose, le corps reste dépassé par les événements, souvent désemparé, habité par des besoins, des désirs et des pulsions qui le surprennent et que la pensée s'avère impuissante à contrôler. Alors que la pensée est si prévisible, le corps demeure inconnu. Alors que la pensée performe et se croit au-dessus de la mêlée, le corps montre sa fatigue, ses ratés, sa vulnérabilité, sa finitude, toujours pris dans des situations concrètes, en relation harmonieuse ou conflictuelle avec d'autres corps, affecté par des événements qui surviennent. La pensée a beau s'envoler et planer haut auprès de ses connaissances, de ses croyances, de ses réalisations, de ses possessions, de ses richesses, de son pouvoir et de son statut, le corps la ramène sur terre, l'incarne de force, lui montre, parfois brutalement, ses limites. C'est avec le corps de l'autre que le corps entre en contact, par-delà les discours, les prétentions, les images et les illusions de la pensée. C'est grâce à ce contact des corps qu'il y a partage d'une commune condition, en dépit des prétentions de la pensée de se démarquer et d'établir des frontières. C'est grâce au contact des corps qu'il y a, derrière les positions et les oppositions, affect silencieux de compassion.

59

L'incarnation de l'affect

La véritable générosité implique toujours la participation du corps. Une parole enregistrée, une pensée publiée, une photographie ne suffisent pas. Le corps lui-même doit être présent. Seulement ainsi l'esprit est-il complètement incarné. Il faut que l'on puisse toucher l'esprit. On ne peut le faire qu'en touchant le corps. C'est d'ailleurs là toute la différence entre les vivants et les morts. Peu importe les traces laissées par ceux-ci, manque l'essentiel, à savoir la présence du corps. Cela explique sans doute pourquoi l'art le plus vivant est celui qui implique la présence du corps. Pensons notamment au théâtre, à la danse, au récital, etc., où les artistes sont forcés d'être là tout entiers, où ils donnent tout d'eux-mêmes. Il ne s'agit pas que d'une parole, d'une voix, d'un geste, mais le corps entier est de la partie. C'est de lui qu'émane directement l'esprit. L'esprit n'est rien d'autre que le corps vivant. En règle générale, tout ce qui importe doit être incarné. Ce n'est d'ailleurs qu'ainsi que cela devient art. Là se trouve le mystère. Comment tel ou tel affect sera-t-il communiqué? Et cela est plus complexe, car il ne s'agit pas de déterminer un affect particulier. La vie en effet n'est pas déterminée. Il faut la deviner, l'entrapercevoir. Elle se cache. Elle est multiplicité de mouvements. Il n'y a pas nécessairement de relation de ressemblance entre ce que quelqu'un ressent et ce qu'il montre, plus encore, ce qu'il ressent ne trouve souvent pas de nom à ses propres yeux. L'homme est dépassé par ce qui arrive. Corps et esprit se débordent. De plus, les plus terribles affects sont souvent ressentis alors que le corps demeure impassible. Au fond de tous les affects, il y a l'impassibilité, comme au fond de tous les mouvements de la pensée, il y a l'immobilité, le vide ou le silence. Ce sera d'ailleurs l'art de l'acteur : en arriver à toucher ce vide ou ce silence, de manière que le spectateur puisse faire le lien lui-même, puisse participer à la création. C'est grâce notamment à un visage impassible, inexpressif, vide, que tous les affects, les plus subtils, les plus changeants, mêlés ou enchevêtrés au point d'en être indéfinissables, pourront être montrés ou vus, c'est-à-dire incarnés. C'est dans la mesure où le corps meurt à ce qui l'agite superficiellement — aux images ou aux clichés — qu'il s'ouvre à l'innommable. Mais cette mort est vivante, le contraire de celle qui fige le corps en cadavre. Ce dernier ne montre que le vide ou le rien. Mais le corps impassible, silencieux, immobile montre les plus subtils mouvements de la vie, les vibrations à peine saisissables, les mutations et les bifurcations d'affects. Il montre le franchissement des abîmes, l'énigme de ce qui arrive. Le corps vivant est affect à l'état pur, auto-affect, rapport immédiat à soi, aux autres et au monde. Au-delà d'une émotion particulière, il est don et amour. Par son corps, dans son corps, quelqu'un se présente et se donne. En touchant et en étant touché, le corps incarne l'universelle compassion ou l'universelle complicité des vivants, des êtres et des choses. Pas besoin de le dire, la seule présence, le seul contact le montrent. Le corps le perçoit ou le sent hors de toute représentation, de toute idée et de toute image.

60
Le moi

Quelle est la part réelle de liberté ou de responsabilité? En quoi le moi consiste-t-il? En quoi le moi a-t-il un réel contrôle sur lui-même? N'est-il pas une entité déterminée, obéissant à des lois, formé par tout un conditionnement passé? N'est-il pas un produit de la nature et de la culture, de l'évolution et de l'histoire? L'identité qu'il croit posséder et qu'il indique par un nom propre n'est-elle pas que la pointe de l'iceberg? Or cette pointe n'a pas le contrôle sur la partie immergée, elle est plutôt emportée avec elle, soumise aux mêmes lois qu'elle. Elle n'est que plus visible. Il en est de même pour le moi. Certes, il y a une marge de manœuvre au sein de l'esprit ou de la pensée. Cette marge de manœuvre fait partie du processus. Elle est la part d'aléa, d'indétermination, d'incertitude, de création constitutive de toute réalité. Cependant, pour l'essentiel, le moi n'a pas le pouvoir qu'il croit, qu'il se donne ou qui lui est donné. On met sur le dos du moi une responsabilité qu'il ne peut pas assumer, car il n'en a tout simplement pas le pouvoir. Il est au contraire déterminé et conditionné de manière fondamentale. L'action la plus intelligente que le moi puisse accomplir est de devenir conscient de cette déterminaion et de ce conditionnement, non pas de manière générale ou abstraite, mais concrètement au fil des instants. Il lui faut saisir son caractère fondamentalement passif. Le moi subit ce qui lui arrive et ce n'est qu'à partir de là qu'il réagit. Il s'agit effectivement davantage de réaction que d'action. Une action suppose une origine ou un début, alors que la réaction s'enlève sur un processus déjà en cours. Or il y a toujours un processus en cours, le moi n'opère aucun commencement, il n'agit pas à proprement parler, il n'y a pas ce qu'on appelle un acte libre. Il y a d'abord mouvement. L'origine de celui-ci se perd dans les sables mouvants ou dans la nuit des temps. Ce mouvement est de nature multiple : physique, chimique, biologique, culturelle, historique. Il arrive ou il survient on ne sait d'où. C'est lui qui enclenche la réaction du moi. En fait, le moi prolonge ou fait bifurquer le mouvement, il ne fait que donner son nom propre à une partie du mouvement en cours. L'assume-t-il vraiment ? Il est plutôt emporté, constitué par lui. Il est le mouvement, d'instant en instant. Loin que le moi maîtrise ou contrôle telle colère, telle comparaison, telle angoisse, telle envie, telle pensée ou tel rêve, il *est*, au moment où il l'éprouve, la colère, la comparaison, l'angoisse, l'envie, la pensée ou le rêve. Il croit se séparer de l'idée, de l'image ou de l'affect pour précisément en avoir le contrôle ou la maîtrise, s'arrogeant ainsi un pouvoir qu'il n'a pas en réalité. Le moi prend ses distances à l'endroit de ce qu'il sent, éprouve, pense. Il se scinde, se dédouble, se fragmente, se multiplie, s'identifiant à un fragment puis à un autre. Il saute ou bifurque de l'un à l'autre. À chaque instant, cependant, le moi *est* ce qu'il sent, éprouve, pense. Cela lui arrive. Il le subit. C'est à cela qu'il réagit, ou c'est cela qu'il prolonge par sa réaction. D'une certaine façon, l'on peut dire qu'il subit sa propre réaction, puisqu'elle est enclenchée par un mouvement qui vient d'ailleurs et qu'il reçoit dans une essentielle passivité. L'enjeu pour nous est d'observer le mouvement sans le brouiller ou l'interpréter, de manière qu'il puisse se révéler complètement tel qu'il est, en dehors de toute compréhension ou explication anthropomorphique, prêtant au moi un pouvoir qu'il n'a pas. Il s'agit de ne pas tenir le moi pour acquis, de ne pas prétendre connaître qui il est. Le moi n'est-il pas en grande partie une interprétation, une croyance ? N'est-il pas un effet qui se prend pour une cause ? N'est-il pas une dépendance qui se prend pour un être libre ? N'est-il pas une fonction qui se prend pour une entité et une identité ? N'est-il pas un produit tardif de la pensée qui se prend pour l'origine de celle-ci ?

61
Le hasard et l'accident

Il y a beaucoup de « pour rien », de « sans raison » dans la condition humaine. Cela commence d'ailleurs dès le début, l'humanité comme espèce nouvelle étant le fruit, comme nous l'indique Darwin, de mutations survenues par hasard. Ce hasard, par la suite, ne cesse de jouer. Si les dinosaures ont disparu à la suite de la collision d'un astéroïde avec la terre, il peut en être de même pour l'homme. Or une telle collision découle d'un concours tellement inextricable de causes ou de circonstances qu'elle appartient, elle aussi, à la vaste catégorie des choses arrivant par hasard, sans jamais pouvoir être prévues, possédât-on une connaissance virtuellement infinie. Tant de facteurs, d'événements en effet vont se produire en cours de route, qu'il est impossible de prévoir, donnant lieu à l'accident! C'est comme lors de tout autre phénomène naturel. Il y a création de nouveauté, si bien qu'on ne peut savoir à quel moment précis telle ou telle catastrophe va se produire. Lors d'un ouragan, par exemple, il y a mouvement constant des éléments, si bien qu'on ne peut connaître avec assurance sa direction exacte, son ampleur précise. De même pour un tsunami: tout au plus pouvons-nous installer des appareils de perception fine nous informant des premières vibrations ou secousses, mais quant à pouvoir prévoir celles-ci avec exactitude, cela est impossible. Il y a quelque chose d'ontologiquement imprévisible dans ce qui arrive. L'accident n'est donc pas exceptionnel, il appartient au contraire à la structure même de la réalité. Pour en revenir à l'homme, son sort se trouve entre les mains de tous ces événements qui ne dépendent de personne, qui surviennent sans pouvoir être prévus, qui résultent de facteurs qui nous échappent irréductiblement, qui font partie du processus de création en quoi consiste la nature. À une échelle plus restreinte, l'apparition d'un individu est due au hasard. Elle est le fruit de la rencontre fortuite d'un spermatozoïde et d'un ovule. Mon existence n'a donc rien de nécessaire. Elle aussi est le résultat du hasard, hasard de la rencontre entre mes parents, hasard de la fécondation, hasard de tout ce qui suit celle-ci. Ce que je suis est le fruit de tout ce qui est arrivé ensuite, du milieu dans lequel j'ai grandi, des événements locaux, nationaux et internationaux qui se sont produits, sans compter toux ceux, innombrables, qui n'ont cessé d'émailler la vie quotidienne de mes proches et de moi-même. Je suis le résultat de rencontres qui auraient pu ne pas se produire, d'événements qui auraient pu ne pas survenir. Et cela continue. Mon présent et mon futur sont à la merci de toutes sortes d'accidents ou d'événements qui se trouvent hors de mon contrôle. Il suffit de peu pour que l'un de ces accidents ou événements me jette par terre, moi qui aime tellement marcher et courir. Nous avons beau vouloir donner un sens religieux ou transcendant à notre vie, nous partageons la même terre, la même condition, le même destin que les animaux. Nous participons à la même gratuité. Notre corps flotte comme le leur dans l'espace infini. Il est aussi fragile que le leur, à la merci non seulement des grandes catastrophes, mais des plus petits accidents. Raison de plus pour être vigilants, pour vivre les yeux ouverts, pour ne pas entraver le cours des événements par nos idées, nos préjugés et nos croyances. Si la vie est marquée au coin d'une fondamentale absurdité, le défi pour nous est d'épouser celle-ci avec intensité et d'en faire une véritable passion: d'une part, quelque chose à l'endroit duquel nous sommes passifs, que nous subissons, d'autre part quelque chose qui nous rend plus vivants encore. La fragilité de notre condition, quand nous la regardons en face, nous donne une force inédite, insoupçonnée.

62

La force vive de l'écriture

Au-delà de tout contenu particulier — affirmation, thèse, analyse —, l'acte d'écrire vaut comme manifestation ou expression de vie. S'il est vrai que la vie ne se déroule qu'au présent, ce qui importe dans l'écriture en tant qu'elle est vivante, c'est son acte même, sa création même, son impulsion même. Or le contenu de l'écriture, notamment de l'écriture philosophique, se rapporte à des idées et à des images. Il s'agit là d'un contenu de pensée. La pensée cependant est subordonnée à la vie. Son histoire nous indique qu'il y a renversement sur ce chapitre et que c'est la pensée qui, au contraire, se subordonne la vie. Cette subordination est certes illusoire, car la pensée doit d'abord être vivante et elle ne peut l'être qu'incarnée. S'il n'y a pas vie, tous les édifices de la pensée s'écroulent, qu'ils soient religieux, philosophiques, scientifiques ou littéraires. Un certain type d'écriture peut participer à l'illusion inhérente à la volonté de puissance de la pensée. Plus encore, compte tenu de l'affinité entre la pensée et le langage, l'écriture contribue le plus souvent à conforter la pensée dans l'illusion de sa toute-puissance. C'est le cas des grandes religions faisant reposer le monde ou la réalité sur un Texte primordial, archétypal, prétendant consigner la Parole même de Dieu. C'est le règne despotique du Livre. Un tel Livre prétend se trouver au-dessus de la vie. Il domine de toute éternité ce qui a été, ce qui est et ce qui sera, bien qu'en même temps et paradoxalement il ait été écrit à un moment donné par des hommes déterminés. Il oublie cependant vite sa source vive, contingente, aléatoire, pour s'élever au-dessus de tout et se mettre en position de domination. Remarquons en passant que tout ce qui participe de l'idolâtrie du texte, du livre, de l'écriture, de la trace, de l'archive, perpétue l'illusion. L'écriture dont nous parlons et que nous pratiquons est tout autre. Elle est pour l'essentiel un acte vivant, elle vaut d'abord comme manifestation ou expression de vie. Ce qui importe n'est pas tant son contenu — les affirmations qu'elle profère, les thèses qu'elle énonce, les positions et les propositions qu'elle dénonce — que quelque chose d'impalpable qui est comme son affectivité, sa force ou son énergie. Si l'écriture ne peut parler de la vie, en tant que celle-ci échappe à toute objectivation, représentation et extériorisation, elle en est une mani-festation. C'est en tant que telle qu'elle est éloquente. Elle fait deviner, sentir, entrapercevoir, bien plus qu'elle ne définit ou ne dit explicitement. Elle est de la nature d'une vibration, d'une musique, bien plus que d'une élocution ou d'un *logos* au sens classique du terme. Comme le dit Proust, il n'y a «que ce qu'on croyait ne pas réussir à faire entrer dans un livre qui y reste [...]. C'est une atmosphère [...]. Ce n'est pas dans les mots, ce n'est pas exprimé, c'est tout entre les mots. » C'est ce qu'il y a d'imper-ceptible, d'insaisissable, ce qui ne peut pas être un objet, ce qui n'est donc pas thématisé. Ce n'est pas ce dont on parle, mais ce qui parle. C'est un souffle ou une inspiration, à savoir l'esprit ou le corps vivant même dans son caractère inconnu, inexprimable, mystérieux. C'est ce rien évanescent, qui n'est plus au moment où on lit, qui est la source ou le moteur de l'acte d'écrire et dont le texte ensuite nous renvoie l'écho, bien au-delà de telle idée, de telle image, de telle analyse ou de telle explication.

63

Le bon et le mauvais

Pour l'essentiel, nous sommes d'accord avec l'éthique de Spinoza et celle de Nietzsche. Pour eux, est bon ce qui conserve ou augmente la puissance de vivre et, par conséquent, produit la joie ; est mauvais ce qui diminue ou détruit cette puissance et, ce faisant, produit la tristesse. Cela dit, ce qui est mauvais ou mal ne découle pas toujours d'une intention ou d'une volonté mauvaise, mais bien souvent d'un absurde concours de circonstances, comme c'est le cas lors d'un accident. L'on sait que des phénomènes naturels, tels un tsunami, un tremblement de terre, une éruption volcanique, une tornade, la collision d'un astéroïde avec la terre, peuvent provoquer beaucoup de souffrance et de destruction. Mais même lorsque le mal vient de l'homme, il ne découle pas toujours d'une intention mauvaise. Il n'est pas nécessaire de vouloir le mal pour le commettre. De toute manière, le degré ou l'intensité du mal ne se mesure pas à la malignité ou la méchanceté de l'intention. L'intensité du mal se mesure plutôt à celle du malheur provoqué. C'est ainsi qu'un mal énorme peut avoir pour point de départ une sorte de bêtise ou de sottise, un manque d'intelligence ou une intelligence à courte vue, comme Hannah Arendt le laissait entendre au sujet d'Eichmann : le mal ne vient pas d'un monstre de perversité, mais d'un être « effroyablement normal ».

Beaucoup de mal peut être produit par un motif, lui aussi à courte vue, la recherche du profit, motif par ailleurs valorisé dans un système politique et économique mettant en avant la liberté et l'esprit d'entreprise. Le mal peut aussi être commis de manière presque anonyme ou impersonnelle, par une machine ou une organisation composée d'une multitude de rouages : chaque individu joue un rôle restreint à l'intérieur d'une organisation qui s'avère maléfique, ou encore chaque action individuelle demeure insignifiante, c'est l'effet d'ensemble qui se révèle catastrophique. Plus encore, beaucoup de mal est commis au nom de bonnes raisons ou d'intentions vertueuses, par exemple la défense de la patrie et de ses valeurs, telles la liberté et la démocratie. Dans notre monde moderne, un autre facteur intervient, coupant l'effet maléfique de l'intention maligne, c'est la puissance de la technique. Dans la mesure où celle-ci s'interpose, elle peut faire de l'intention la plus insignifiante la plus dangereuse. Quelqu'un peut actionner une manette sans penser à mal, sans haine, dans une relative indifférence, ou en pensant à tout autre chose, et l'action commise, répercutée ou médiatisée par le pouvoir de la technique, peut produire un mal incommensurable. La logique étrange, absurde, irrationnelle de la vie affecte également le cœur de l'éthique. La logique du mal n'est pas plus rationnelle que celle du reste de la vie. Les raisons s'engloutissent dans l'abîme du non-sens. On ne tombe pas malade parce qu'on est coupable, comme si la maladie était une punition ou une conséquence du comportement, de la même façon que ceux qui sont emportés par un tsunami le sont en toute innocence, par-delà bien et mal si l'on peut dire, bien que l'effet soit éminemment mauvais en ce qu'il heurte, blesse et détruit des vies, provoquant chez les survivants une terrible souffrance. Même les êtres humains, dans leurs actions, obéissent à des règles qu'ils ne contrôlent pas, la part de leur volonté et de leur liberté étant moins grande qu'ils ne le pensent, si bien que, même dans leur cas, le mal n'a pas toujours pour origine une intention mauvaise. À plusieurs égards, les êtres humains se comportent, eux aussi, comme des phénomènes naturels. Ils s'inscrivent dans des rapports de forces, si bien que certains crimes sont punis et d'autres non, l'interprétation des crimes dépendant précisément des rapports de forces — les vainqueurs justifiant leurs crimes. Quoi qu'il en soit cependant du degré réel de responsabilité ou de culpabilité, la tâche éthique et politique de l'homme est d'éliminer autant que possible le mal ou le mauvais, et de favoriser le bien ou le bon. Il s'agit dans un premier moment de mettre ce qui est mauvais hors d'état de nuire, peu importe la part de l'intention maligne et celle des causes ou des circonstances en jeu. Dans un deuxième moment, cependant, il faut aussi s'en prendre à ce qu'il y a de mauvais dans ces causes et ces circonstances : pauvreté, toxicomanie, dépendances, exclusion sociale, discrimination raciale, etc. Le but n'est surtout pas de satisfaire la haine ou l'esprit de vengeance, de produire chez le responsable la haine de soi ou la culpabilité, il est plus sobrement et plus directement d'éliminer le mauvais et de favoriser le bon.

64
La pensée et l'écologie

La pensée peut-elle cesser l'exploitation excessive des ressources naturelles? Peut-elle cesser l'exploitation, tout aussi excessive, de la force humaine de travail — l'être humain peut-il cesser de se percevoir comme un objet ou une machine performante? La pensée peut-elle cesser de détruire et de polluer tout ce qu'elle touche, ce qui signifie: cesser de produire des objets et des machines qui ont un effet délétère sur l'environnement physique, vivant et humain? Peut-elle cesser le cyle infernal de l'humiliation, du ressentiment, de la vengeance et de la terreur — alors même qu'elle se jette dans ce cycle au nom même de la paix? Peut-elle cesser d'intervenir, tel un apprenti sorcier, dans les mécanismes intimes de la vie? Nous ne demandons pas à la pensée d'avoir une vision d'ensemble, puisqu'elle en est incapable, toute prétendue vision d'ensemble étant encore une vision partielle ou fragmentaire. Nous ne demandons pas à la pensée de résoudre les grands problèmes qui nous talonnent, puisque c'est elle-même qui les crée et qu'elle est rigoureusement incapable de les résoudre par elle-même, contribuant au contraire, dans la mesure de son action ou de son intervention, à les envenimer. Nous demandons simplement que la perception attentive de ce qui est, à savoir, pour l'essentiel, du mécanisme même de la pensée, amène celle-ci à se taire, à cesser de faire ou d'agir, sans raison et sans discussion — comme lorsque l'on meurt, on le fait sans raison et sans discussion, même si toutes les raisons vont dans le sens de continuer encore, toutes les raisons que la pensée puisse trouver allant, elles aussi, dans le sens de sa continuation, de la réalisation toujours plus poussée et plus destructrice de sa volonté de puissance. Dans l'esprit du taoïsme, nous ne demandons pas à la pensée de faire ceci ou de faire cela, mais, plus radicalement, de *ne pas* faire, de *ne pas* agir. Il y a plus de sagesse dans ce *ne pas* que dans toute action et fabrication. Certes, la pensée doit-elle agir là où elle est efficace, à savoir à l'intérieur de ses limites. Mais tout l'art de la sagesse — tout l'art de vivre — consiste pour la pensée à s'arrêter là où elle devient néfaste, là où la raison devient délire, là où la normalité devient maladie et folie. Que ce soit l'industrialisation à outrance, l'augmentation continue de la croissance économique, la destruction, elle aussi continue, des forêts et des océans, les changements climatiques provoqués par les émissions de gaz à effet de serre, l'empoisonnement graduel de la vie par les interventions chimiques et les manipulations génétiques, les risques accrus de catastrophes terroristes à partir d'un système d'inégalités, d'humiliation et d'exploitation des plus faibles, la pensée ne peut agir avec intelligence que si d'abord elle se tait ou cesse d'agir pour se mettre au service de l'intelligence du corps entier. Il en est de même des problèmes qui se posent sur le plan de la vie individuelle. Là aussi, la comparaison, l'envie, le ressentiment, la haine se font sentir et provoquent des désastres. Là aussi, il faut observer la pensée en acte, saisir ses limites et son caractère néfaste dès qu'elle les franchit. C'est l'observation attentive de son fonctionnement qui calme instantanément la pensée, l'empêchant à la source de produire des méfaits. Dans l'un et l'autre cas, que ce soit sur le plan de la vie collective ou sur celui de la vie individuelle, il ne peut s'agir d'une position intellectuelle ou théorique, mais sensible et pratique. En d'autres mots, il ne s'agit pas là d'une position de la pensée, car une telle position ne vaut pas plus qu'une autre. Seule l'intelligence du corps entier fait la différence, introduisant un ne-pas-faire ou un ne-pas-agir salutaire. La pensée se taisant ou se calmant, un espace devient disponible pour la vision, le contact, l'amour ou la compassion.

65

La stérilité de la lutte intérieure

L'important est de n'avoir aucun conflit avec soi, une fois constaté qu'un tel conflit constitue une dépense stérile d'énergie. En effet, puisqu'il met aux prises deux fragments alimentés à la même énergie, le conflit intérieur ne peut aboutir à la victoire de l'un ou de l'autre. Au contraire, il les renforce mutuellement, l'énergie de l'un passant à l'autre en un véritable cercle vicieux. Je suis l'un et l'autre fragments, ou la pensée est l'un et l'autre, comme les deux côtés d'une même pièce de monnaie. En réalité, il y a une multiplicité de fragments, bien que la lutte prenne souvent la forme d'un duel ou d'un dualisme. «Ce que je devrais être» lutte contre «ce que je suis», ou encore une image de moi lutte contre une autre image, un désir contre un autre désir, un aspect contre un autre aspect. Cette lutte intérieure est génératrice de confusion et de souffrance. Rien de positif ne peut en sortir — si ce n'est la fin du conflit, ne fût-ce que par le mouvement intrinsèque de la pensée, déplaçant les fragments, les mettant dans d'autres rapports, moins ouvertement conflictuels, les uns avec les autres. Le conflit avec soi, qu'il prenne la forme d'une comparaison interne, d'une condamnation d'un fragment par un autre, d'une tentative de justification d'un fragment par un autre, est dans tous les cas stérile. Créant la confusion, il empêche de voir avec clarté ce qui est. Or, c'est la seule chose qui importe vraiment, c'est le point de départ de tout. C'est d'ailleurs à ce point de départ que nous sommes ramenés sans cesse, en dépit de toutes nos tentatives de fuite. Nous ne pouvons en effet faire l'économie de ce qui est, y compris du conflit qui se déroule en nous, qu'il nous faut voir à l'égal de toute autre chose. C'est ce qui est qu'il nous faut voir, si nous voulons sortir du piège ou de l'illusion intrinsèque à l'exercice de la pensée ou du moi. Toute notre société repose certes sur le conflit, conflit entre les groupes, conflit avec les autres, conflit avec soi. Ce qu'il est convenu d'appeler la concurrence — celle qui se trouve au moteur économique de nos sociétés — engendre des conflits de toutes sortes. Le pire conflit demeure cependant celui avec soi, car il affecte à la source l'énergie ou la puissance de vivre. La généalogie d'un tel conflit est complexe. Sans doute Nietzsche a-t-il raison de voir l'origine d'un tel conflit dans le retournement de l'homme contre son animalité, retournement soutenu notamment par le christianisme établissant une hiérarchie rigide entre la terre et le ciel, le corps et l'âme, le mal et le bien. Plus le dualisme se durcit, plus le conflit s'envenime. L'invention du péché met de manière dramatique l'homme en conflit avec lui-même — une partie de l'homme en conflit avec une autre partie. La vertu tente de triompher du vice. L'esprit tente de venir à bout du corps. Il s'agit là du prototype du conflit stérile, car si l'esprit venait à bout du corps, il se détruirait lui-même, puisqu'il ne fait qu'un avec le corps, qu'il n'est en réalité — et non en idée, en idéal ou en idéologie — rien d'autre que le corps vivant. Plus précisément encore, si l'esprit détruit la sexualité qui l'enracine dans la terre et l'animalité, il se détruit lui-même, son énergie et celle de la sexualité ayant la même source. Cependant, ce n'est pas l'explication ou la généalogie d'un tel conflit qui nous importe ici, car l'explication n'a pas en elle-même la puissance de résoudre le conflit. Celui-ci en effet tient à la structure même de la pensée, laquelle établit d'emblée la division, la distance, le dualisme, par conséquent le conflit. Or l'explication vient également de la pensée. Elle ne peut donc, en même temps qu'elle remet en question le dualisme ou le conflit, que le prolonger subrepticement par son exercice ou sa structure même. Il faut donc une démarche plus immédiate, plus directe, plus intense, pour mettre effectivement fin à la séparation ou au conflit. C'est ici que la perception ou la vision immédiate et directe entre en jeu, seule capable de faire corps, d'abolir la division, de court-circuiter le conflit, c'est-à-dire de saisir le piège ou l'illusion qui le constitue, de saisir qu'il ne peut aboutir à aucune victoire, qu'il ne peut que se perpétuer indéfiniment jusqu'à l'épuisement de l'énergie, à savoir jusqu'à la mort. Ce n'est pas telle ou telle explication, nietzschéenne ou freudienne, qui permet de voir tout cela concrètement de manière que le conflit cesse effectivement. L'explication n'a pas la puissance d'agir. Elle ne vient pas du corps entier, mais seulement d'un de ses fragments, l'intellect ou l'entendement, susceptible par conséquent d'entrer en conflit avec d'autres fragments, perpétuant ainsi d'une main ce qu'il cherche à abolir de l'autre. Il y a la même différence entre l'explication et la vision qu'entre l'idée ou l'image d'une pomme et l'action ou la passion d'y mettre les dents.

La question, sous forme de défi, peut se poser ainsi : comment à la fois laisser s'exprimer totalement ce qui est, être lucide à son endroit, et ne pas en être le jouet, ne pas être emporté par lui ? Prenons un exemple. Je suis en colère, ou encore je sens la colère monter en moi. Comment la voir telle qu'elle est, ne pas la fuir, ne pas la dénier, ne pas la refouler, sans être pour autant emporté par elle et me mettre à crier ou à vociférer ? L'acte de voir ou de percevoir ne signifie pas accepter. Laisser s'exprimer complètement ce qui est ne signifie pas se laisser aller. Bien au contraire, c'est parce que l'affect de souffrance — et la colère est une souffrance — va au bout de lui-même qu'il peut passer et s'effacer. C'est de même parce que la fleur éclôt qu'elle peut se faner et disparaître. Voilà le processus de l'observation de soi tel que l'on est, d'instant en instant. C'est dans une telle observation que l'on s'aperçoit que l'on ne progresse pas sur le plan spirituel, car ce que je suis ou ce que je ressens maintenant, je l'ai, pour l'essentiel, déjà été ou ressenti. En entrant en contact avec ce que je suis maintenant, c'est avec mon être profond tel qu'il s'est manifesté plusieurs fois que j'entre en contact. Je saisis quelque chose de puissant en moi, plus puissant qu'une fonction particulière du moi, telle l'intention ou la volonté, quelque chose qui n'a pas d'explication et qui appartient à la fibre même de mon être. Il peut s'agir d'une colère, d'un conflit intérieur violent, d'une angoisse, d'une confusion, d'une comparaison et d'une envie. Cela que je suis, je l'ai été d'innombrables fois. Je passais par-dessus, j'entrais en conflit avec le conflit, je lui résistais, le combattais, comme s'il s'agissait là d'un simple accident de parcours qu'il me fallait dépasser, même si ma volonté et mes efforts avaient finalement peu à voir avec le dépassement de l'état qui me prenait et qui passait avec le temps. Mais cet état revient, cela est plus fort que moi, cela me constitue, cela ne m'est d'ailleurs pas propre mais appartient à la nature ou à la structure de l'humanité. Ce que je vois de moi ne m'est pas personnel, mais est profondément humain. Il s'agit là d'un problème ou d'un défi qui se pose à tous. Si un tel défi n'est pas relevé, c'est la source même de la vie qui est obstruée ou contaminée. On aura beau proposer les plus belles réformes sociales, adopter les meilleurs principes et les idéaux les plus sublimes, jouer des sentiments les plus nobles, quelque chose est faussé à la base, puisque l'homme n'est pas en contact avec ce qu'il est vraiment, qu'il est par conséquent à sa propre remorque, n'ayant sur lui-même aucun réel pouvoir, étant pris à son corps défendant dans des mécanismes qui finissent, au-delà des bonnes intentions et des efforts de la volonté, par avoir le dernier mot. Dans ce corps à corps avec ce que nous sommes ou avec ce que nous éprouvons, nous sommes complètement seuls, aucune autorité, aucun guide ne peut s'interposer pour nous dire comment voir. Au contraire, sur ce plan, toute autorité ou tout guide ne peut que déformer ou qu'embuer notre vision, empêcher le contact direct, le seul permettant de voir en profondeur et sans entraves. Il s'agit d'un véritable corps à corps. Dans une telle vision, rien ne s'interpose entre ce qui voit et ce qui est vu : ce qui voit *est* ce qui est vu. Pas de conflit, pas de division, pas de distance dans une telle vision, mais un pur et simple face à face.

66
La jeunesse et la vieillesse

Dans sa fougue, la jeunesse poursuit des buts que la vieillesse ne réalise pas mais abandonne ; celle-ci n'a plus l'énergie de les poursuivre, ces buts ne pouvant jamais être atteints mais seulement poursuivis. La vieillesse transforme l'être humain. Elle l'assagit de force, le rend semblable au reste des vivants, les animaux, les plantes et les pierres. Il s'opère dans la vieillesse une sorte de dépersonnalisation. Les jeunes ont l'air tellement plus individuels, plus singuliers, plus intelligents que les vieux. Ce sont leurs potentialités qui donnent cette apparence, bien plus que leurs actes. Quant aux potentialités et aux actes de la vieillesse, ils s'estompent. Le corps et l'esprit bougent moins vite. Alors qu'on laissait le corps de côté, qu'on le tenait pour acquis, lui faisant subir toutes sortes d'excès, c'est maintenant lui — et ses manques, ses faiblesses — qui mène le bal. Inutile de dire qu'il ne danse pas très vite, mettant avec peine un pied devant l'autre. La personne qui vieillit se réconcilie peu à peu avec la mort, elle est déjà en train de disparaître, des pans de son être s'effacent, sa silhouette même s'estompe. Nous le disons sans vouloir forcer la note, vieillir faisant partie de la condition humaine à l'égal de naître, de croître et de mourir. Il s'agit d'un processus inéluctable, du moins pour ceux qui se rendent jusque-là, car beaucoup sont fauchés dans la fleur de l'âge, au beau milieu de la poursuite de leurs buts dont ils croient l'atteinte à portée de main. Et pourtant, ils sont fauchés impitoyablement par un destin aveugle qui ne tient aucun compte de la logique et du sens humains.

Un phénomène étrange se produit dans la vieillesse. C'est comme si les grandes questions philosophiques auxquelles la jeunesse donnait toute l'énergie de sa réflexion se résolvaient d'elles-mêmes, par le simple poids

des ans, par la simple courbure du corps vers la terre d'où il est venu.
Alors que l'homme s'est levé en criant et en protestant, en cherchant à
s'affirmer à l'encontre des forces hostiles, en voulant connaître, contrôler
et dominer, il finit par se courber humblement en un grand geste de
révérence devant la puissance d'où il a jailli et dans laquelle il s'abîme. Au-
delà de la logique humaine discursive, rationnelle ou irrationnelle,
s'exerce une autre logique — celle de la terre ou de l'humus —, celle d'un
corps venant de terre et, en un mouvement ressemblant à celui des
planètes, y retournant. Alors que la jeunesse cherche des réponses, le
vieillard redevient énigme pure. Non seulement il n'a pas trouvé les
réponses aux interrogations de la jeunesse, mais encore il accepte
d'incarner lui-même l'énigme. Il est né et il va mourir. Il ne comprend
pas, ne se révolte pas. Il s'est ouvert malgré lui à la force des choses. Il n'a
plus l'énergie d'y résister. Le réel le traverse, l'atteint, le fait trébucher. Il
est corps de part en part, tout entier vie, tout entier terre, sans les
fantasmes, sans les diversions et les divertissements permettant de fuir et
de se faire illusion. Tombée l'illusion de la puissance, du contrôle et de la
maîtrise ; tombée l'illusion du miracle à venir, capable de transformer
soudainement la vie ; tombée l'illusion de toutes les images fantasma-
tiques de soi, de tous les modèles que l'on cherche vainement à atteindre,
de tous les idéaux d'excellence et de performance à l'aune desquels l'on se
mesure ; tombée l'illusion des croyances consolatrices ; tombée l'illusion
des espoirs qui n'ont plus l'avenir pour donner le change. Impossible
désormais de remettre la «vraie vie» à plus tard. Aurions-nous passé la
première moitié de notre vie à désirer et à espérer une vie à venir, et l'autre
moitié à regretter l'époque bienheureuse où nous étions pleins d'espoirs et
de désirs ? Maintenant que nous sommes devenus vieux, nous sommes
débarrassés de tout cela. Aucune «vraie vie» en perspective, seulement
une vraie mort. Quant à la vraie vie, la seule que nous connaissons est
celle qui se déroule d'instant en instant. C'était d'ailleurs toujours le cas,
mais la vieillesse nous force maintenant à le voir, d'où l'impalpable sagesse
qui émane d'elle. Parce qu'il n'a plus de temps devant lui, le vieillard peut
effectuer la conversion salutaire. Ce qui importe n'est pas ce qui se trouve
au bout du désir, de l'effort, de la poursuite ou de l'attente. Faute de
temps, l'attention se porte maintenant non pas sur ce qui sera, sur ce qui
pourrait ou devrait être, mais sur ce qui est. Alors que l'attention de la
jeunesse est portée au loin, celle de la vieillesse peut se porter spontanément au plus près. Alors que la jeunesse est aveuglée par le but poursuivi
— qu'elle a besoin de l'avenir comme raison d'être —, la vieillesse,
précisément parce qu'elle ne peut plus croire en l'avenir, peut percevoir

l'ensemble du mouvement de poursuite et d'attente, et y mettre fin, libérant ainsi l'énergie pour une autre qualité de vie, moins agitée, moins tapageuse, plus sobre, plus discrète, plus secrète. Alors que la jeunesse se remplit, la vieillesse peut se vider — plus besoin d'images, plus besoin de raisons —, s'ouvrant ou se rendant ainsi disponible pour le mystère de ce qui est.

67

Les vivants et les morts

Aussi proches étaient-ils de nous quand ils étaient vivants, les morts nous ont quittés à tout jamais. Si nous les gardons en nous, c'est dans la part de vide ou de silence qui s'y trouve. Impossible de faire de l'anthropomorphisme avec eux, impossible de leur prêter un visage, des sentiments, une pensée. Ils sont comme un mur que notre faculté de penser ou d'imaginer ne peut pas franchir, sur lequel elle rebondit dans ses propres idées et ses propres images. Quant aux morts, il demeurent à jamais de l'autre côté. D'ailleurs, nous ne pouvons en parler qu'inadéquatement. En réalité, *ils ne demeurent pas*. La communication entre les vivants et les morts ne peut se faire qu'obliquement, qu'étrangement, que paradoxalement, par la part de vide ou de silence contenue dans les vivants. Ce n'est donc pas lorsque ceux-ci pensent le plus aux morts qu'ils communiquent le mieux avec eux. Ils demeurent au contraire à l'intérieur de leurs images, de leurs désirs, de leurs peurs et de leurs fantasmes. C'est quand la pensée est silencieuse qu'elle communie avec les morts. Cela dit, les vivants ont une responsabilité à l'endroit des morts. Ceux-ci étant absents, seuls les vivants témoignent ou parlent pour eux. Impossible sur ce plan de témoigner adéquatement. Les vivants doivent être d'autant plus délicats dans leurs rapports avec les morts. Prenons un exemple. Primo Levi est, à nos yeux, celui dont le témoignage sur les camps de concentration nazis est le plus fort. Et pourtant il constate que les survivants ne sont pas les vrais témoins, puisqu'ils ont échappé à la destruction complète. Seuls les morts, ceux qui ont été détruits jusqu'au bout, sont les vrais témoins des camps. Mais voilà, leur absence les empêche de témoigner. Les survivants doivent donc témoigner à leur place, tout en sachant qu'ils ne sont pas les vrais témoins. Ils doivent par conséquent être prudents, délicats, conscients des limites de leur témoignage, y laisser des trous ou des vides, bégayer, comme sait d'ailleurs le faire dans ses poèmes un autre rescapé de la Shoah, Paul Celan. Comment le témoignage des vivants pourrait-il être complet, puisque les vrais témoins sont les morts et que ceux-ci brillent par leur absence et par leur silence? Cela est vrai de toutes les catastrophes, et notamment des guerres. Il faudrait pouvoir entendre sur les guerres le témoignage de ceux qui sont tombés, dont la vie a été brutalement fauchée. Le point de vue des victimes absolues manque. L'histoire est écrite du point de vue des vainqueurs, du point de vue des survivants, comme les guerres sont déclarées par ceux qui demeurent à l'abri, loin du champ de bataille. Les morts sont laissés de côté, ce qui est facile, puisque c'est d'eux-mêmes qu'ils se sont effacés ou qu'ils ont été effacés par la mort. Ils ne peuvent plus parler que par la bouche des vivants. Ceux-ci doivent se faire d'autant plus sensibles, attentifs à un point de vue qui, d'une part, leur échappe irréductiblement et qui, d'autre part, ne peut plus se faire entendre que par eux. Immense responsabilité qui exige des vivants qu'ils connaissent pour leur compte le vide ou le silence dans lequel les morts sont maintenant engloutis. Comment dans le langage laisser vibrer le silence, comment faire des mots un écho de ce silence, comment au sein de l'être, des objets, des machines, des occupations, des buts et des désirs, laisser une place libre pour la pure absence, comment ne pas violenter celle-ci en la recouvrant, comment la laisser intacte, vide, silencieuse, vibrant d'un étrange pouvoir? Comment ne pas utiliser les morts au bénéfice des idées et des croyances des vivants? Comment, au contraire, nous mettre à leur écoute, c'est-à-dire à l'écoute de leur silence et de leur absence, afin de témoigner pour eux face à ce qui les a meurtris et assassinés? La responsabilité à l'endroit des morts est aussi grande que celle que nous avons à l'endroit de ceux qui ne sont pas encore nés — sur laquelle a tant insisté Hans Jonas. Elle est d'ailleurs de même nature. Il s'agit dans les deux cas de témoigner pour des absents, de prendre la parole pour des silencieux.

68

La méditation

La véritable méditation consiste à se voir tel que l'on est, d'instant en instant. C'est ce rapport à soi qui est essentiel. Il ne se sépare pas du rapport aux autres. L'observation ou la vision n'a pas de frontière. Elle ne se fait pas dans une direction particulière, ce qui serait une façon de la limiter. Elle est ouverture à l'humanité. Sommes-nous si différents des autres ? Pour l'essentiel, non. Les détails diffèrent, mais la structure est la même. Se voir est donc en même temps voir l'être humain. Si nous jugeons, condamnons, tentons de justifier, nous n'entrons pas vraiment en contact avec ce que nous sommes ou avec ce qu'est l'être humain. L'observation est arrêtée par les jugements, les condamnations et les tentatives de justification. Il s'agit donc de voir l'être humain dans toute son ampleur, sa complexité, ses contradictions. Comme le disait Spinoza, l'enjeu n'est pas de juger, de critiquer, de justifier, mais de comprendre. La compréhension ne se fait pas par une explication. La vision ample et pénétrante *est* compréhension. L'explication, comme d'ailleurs l'analyse, demeure partielle et fragmentaire. S'il y a, grâce à l'explication, éclaircissement d'un côté, c'est parce qu'il y a aveuglement de l'autre. Un aspect est vu parce qu'un autre reste caché. La vision dont nous parlons ne choisit pas. Elle observe l'ensemble de ce qui est dans son fourmillement et sa diversité. Il y a bien plus à voir que ce que voit la pensée conditionnée, limitée, cherchant des causes et des explications. Il y a à voir les conditions mêmes de la vision, ce dans quoi ou à partir de quoi elle se fait et qui demeure habituellement dans l'ombre. La science appartient à l'explication partielle ou spécialisée. Elle a sa raison d'être, sa nécessité, son utilité. Mais elle ne saurait tenir lieu de toute vision possible. Nous avons besoin d'une vision non spécialisée, qui sort des sentiers battus et balisés, qui ne tient pas compte du savoir accumulé, des jugements, des préjugés, des limites de l'éducation et du conditionnement, une vision qui se fait d'emblée, sans conditions préalables, sans obéir à un protocole, à un modèle ou à une méthode, qui appartient à l'esprit humain, quels que soient par ailleurs ses croyances, sa religion et son conditionnement culturel. Seule une telle vision peut libérer l'homme en le mettant en contact avec sa propre réalité telle qu'elle est. Peut-on qualifier une telle vision de philosophique? Oui, dans la mesure où la philosophie se veut justement une non-spécialité, une discipline ou une recherche propre à l'être humain comme tel, en tant qu'il est entier et non fragmenté. Cependant, dans la mesure où la philosophie, elle aussi, se spécialise et divise son champ d'études, on ne peut qualifier une telle vision de philosophique. Tout discours tenu au sujet de cette vision est forcément limité. Il dépend de la culture de celui ou de celle qui le profère. En ce sens, il est daté, s'inscrivant dans un renvoi syntagmatique et para- digmatique, dans une incontournable intertextualité, dans un réseau de références qui définit justement la culture. Ainsi, Jésus a beau nous parler d'un «amour universel», il le fait dans un cadre de référence biblique forcément daté et limité. De même pour Bouddha nous enjoignant de mettre fin à la souffrance. Une telle fin concerne tous les humains. La façon qu'a Bouddha de pointer le doigt en direction d'elle appartient cependant à la culture de son pays et de son temps. L'individu est forcément de son époque. Une part de lui demeure partielle et limitée. Le discours, notamment, appartient à l'histoire de la langue et participe des limites du langage. Cependant, ces limites touchent à l'expression. La vision, elle, leur échappe. Elle consiste, entre autres, à percevoir ces limites. Elle est un acte de l'esprit humain en tant qu'il dépasse tout individu particulier et limité.

69
La pensée et le perspectivisme

On croit ouvrir la pensée en insistant sur la multiplicité des perspectives, des points de vue, des lectures et des interprétations. Certes, ce faisant, on sort du dogmatisme et de la pensée unique. On privilégie la différence, la pluralité, l'altérité, voire l'étrangeté. Nietzsche est l'un de ceux qui ont le plus insisté sur le perspectivisme, sur l'impossibilité littérale de l'objectivité, celle-ci ne consistant, au bout du compte, qu'à multiplier les points de vue sur un objet. Plus il y a de points de vue, plus la pensée se rapproche de l'objectivité, loin que celle-ci équivaille à un point de vue unique ou, pis encore, à l'absence de points de vue. Les perspectives ou les points de vue impliquent les affects, par conséquent ce qu'il est convenu d'appeler la subjectivité. Subjectivité et objectivité sont donc loin d'être contraires, comme on le croit souvent. Voici en quels termes Nietzsche, dans *La généalogie de la morale*, définit l'objectivité: «Il n'y a de vision que perspective, il n'y a de "connaissance" que perspective; et plus nous laissons de sentiments entrer en jeu à propos d'une chose, plus nous savons engager d'yeux, d'yeux différents pour cette chose, plus notre "concept" de cette chose, notre "objectivité" sera complète.» Toute l'herméneutique est fondée sur cette définition nietzschéenne. Ce n'est pas dire que toutes les perspectives, toutes les lectures se valent, mais il n'y en a pas une qui serait vraie, alors que les autres seraient fausses, comme le prétendent tous les dogmatismes — qu'ils soient religieux, philosophiques ou scientifiques. Jamais l'objet ne peut être épuisé par une lecture ou une interprétation, il y a toujours place pour une autre lecture, une autre interprétation. Il n'y a pas de fin à la connaissance, pas de fin au sens ou à la signification. Le sens ne se trouve pas tout fait, dans l'objet, mais il résulte d'un travail de création ou de construction, de lecture ou de réécriture. Il y a, par exemple, autant de versions d'un livre qu'il y a de lecteurs ou de lectures. Cela est inévitable et découle de la structure même de la pensée, de son caractère intrinsèquement partiel ou fragmentaire. Il n'est pas possible de faire le tour complet de l'objet, subsistent toujours une autre facette, un autre aspect, une autre perspective, un autre point de vue. La pensée ne peut aller au bout d'elle-même. Elle se multiplie nécessairement, les différents fragments se trouvant éparpillés parmi les hommes en fonction de leurs conditionnements particuliers, qu'ils soient politiques, culturels, économiques, idéologiques. C'est le règne de la diversité et de la pluralité, de l'étrangeté et de l'altérité. L'altérité et l'étrangeté se trouvent au cœur même de la pensée, au cœur du même. L'autre et l'étranger se trouvent en moi et non seulement à l'extérieur de moi. Nier ou détruire cet autre ou cet étranger, c'est me nier ou me détruire moi-même. Les différentes traditions, les différentes cultures, les différentes langues, les différentes religions, mais aussi les différentes philosophies, les différentes sciences, les différentes individualités, manifestent cette diversité, cette pluralité, cette étrangeté, cette altérité constitutives du réel. La pensée unique ou dogmatique ne peut s'établir que sur une extrême violence tentant de refouler ou d'écraser cette pluralité constitutive. En voulant éradiquer celle-ci, la pensée se castre elle-même, elle s'abêtit, se nie et se détruit, elle est obligée de lutter constamment contre elle-même, contre sa propre multiplicité de perspectives ou de points de vue. Inutile de dire qu'il s'agit là d'un combat perdu d'avance, puisque la pensée, à travers les différents groupes et les différents individus, comme à l'intérieur d'un même groupe et d'un même individu, ne peut s'empêcher de passer d'un point de vue à l'autre, d'un fragment à l'autre, faisant ainsi vaciller à la base tout dogmatisme. C'est par peur de sa propre diversité que la pensée tente de se figer dans un dogme ou une vérité absolue. Le fanatisme n'est qu'une réaction de peur de la pensée devant sa propre pluralité. Un fragment tente d'écraser les autres et, pour ce faire, il doit déployer une violence extrême. Mais rien n'y fait, la pensée ne peut s'empêcher de bouger et de changer, remettant en question de l'intérieur la perspective unique à laquelle elle tentait de s'accrocher. La force qui permet au fragment de dominer les autres permet aussi à ceux-ci de résister, même souterrainement. Le monde moderne en est un de grande diversité, en dépit de tentatives toujours présentes d'une pensée apeurée pour bloquer le flux et le figer dans une prétendue vérité. Dans le monde de la pensée, il n'y a pas de vérité mais seulement des vérités, toutes mêlées de fausseté. Le monde de la pensée est celui du mouvement, du changement, du passage d'une vérité à l'autre, de la réfutation d'une vérité par une autre. Tout est parcellaire, partiel, fragmenté. Dans un tel monde pluriel, le scepticisme et le relativisme sont les attitudes naturelles, intelligentes, adaptées. L'esprit doit être ouvert à d'autres perspectives que les siennes, il doit tenir compte de cette diversité patente des points de vue, il doit comprendre ce dans quoi cette diversité prend racine, à savoir la nature ou la structure même de la pensée. La pensée opère à partir d'une mémoire et est déterminée par le contenu particulier de celle-ci. Autant d'expériences, autant de passés, autant de mémoires, autant de points de vue. Cependant, y a-t-il une altérité ou une étrangeté plus radicale encore? Qu'arrive-t-il lorsque la pensée elle-même se tait ou s'éteint, par exemple lorsqu'elle meurt? Que subsiste-t-il de ces points de vue, de ces lectures, de ces interprétations, de ces fragments? N'est-il pas impossible de le dire? N'est-ce pas en effet le monde entier de la pensée — monde de l'interprétation, du sens, de la signification — qui prend fin?

70
L'avidité

Que ce soit à l'échelle individuelle ou collective, nous sommes avides. Nous savons que notre civilisation vise une croissance toujours plus grande, une expansion scientifique, technique et économique sans fin : *plus, encore plus, toujours plus.* Les individus n'échappent pas à cette logique. Eux aussi sont avides : posséder plus d'objets, avoir plus d'argent, être davantage reconnus. Cette poursuite sans fin colore notre quotidienneté. Sur ce plan, avidité matérielle et avidité spirituelle reviennent au même. Chercher l'illumination ou la réalisation de soi est tout aussi avide que chercher à s'enrichir matériellement. Dans les deux cas, la vie est effort, tension vers le futur. Ce qui est se trouve négligé au profit de ce qui sera. Ce faisant, la vie est violentée en profondeur. Celle-ci en effet ne se trouve jamais demain. Ce qui se trouve demain, c'est plutôt la mort. La vie ne consiste pas dans l'aboutissement mais dans le cheminement. Nous sommes ainsi faits cependant qu'il nous est difficile de ne pas vivre en fonction d'un but ou d'une visée. Le présent ne suffit pas. Tant de choses en lui laissent à désirer. Il est toujours imparfait, inadéquat, incomplet. Il y a toujours matière à perfectionnement, à progression. La vie se trouve projetée en avant, là où elle n'est pas, puisqu'elle ne se trouve qu'en elle-même. Elle ne cesse donc de se fuir elle-même. Elle n'arrive pas à se saisir ou à se comprendre elle-même. Le futur est une illusion, car il est tout, sauf certain. De plus, il n'est pas différent du présent. Si nous fuyons celui-ci, nous fuirons également le futur quand il sera présent. Nous serons encore tendus vers autre chose, un idéal, une réalisation, une accumulation, un accroissement. Cette tension fait partie du présent, elle caractérise la nature et la structure de la pensée, telle qu'elle s'exerce.

Certes, le contenu de celle-ci a changé au cours de l'histoire, il est également différent selon les civilisations. L'Antiquité, le Moyen Âge, le monde moderne et contemporain, l'Occident et l'Orient : autant d'espaces et de temps dans lesquels la pensée déploie des facettes différentes de son être. Par exemple, la poursuite occidentale, technique, scientifique et économique, fait contraste avec la poursuite orientale, davantage mystique, ésotérique et religieuse. De même, le but que se donne l'homme gréco-romain — réaliser sa vie ici-bas — n'est pas celui que se donne l'homme chrétien — trouver le salut dans l'au-delà. Nous ne sous-estimons pas ces différences. Cependant, du point de vue où nous nous plaçons, elles ont en commun d'être des quêtes, subordonnant ce qui est à ce qui sera ou devrait être, le réel à l'idéal — la copie au modèle, le sensible à l'intelligible, pour reprendre les termes platoniciens —, remettant la vraie vie à plus tard, que ce plus tard soit situé avant ou après la mort. Remarquons que c'est peut-être parce qu'il s'agit structurellement d'un éternel plus tard, la vie ne cessant d'être tendue vers l'avant, ne s'empoignant jamais elle-même dans le présent, que la logique veut que le plus tard dans la vie devienne inéluctablement le plus tard après la mort. Il n'y aurait pas ainsi la discontinuité que l'on semble percevoir entre l'homme ou la pensée antique et l'homme ou la pensée chrétienne, de la même façon qu'il n'y a pas non plus la discontinuité que l'on croit trouver entre l'ambition occidentale, celle de devenir riche, et l'ambition orientale, celle de trouver l'illumination. Ce qui est commun à toutes les quêtes, c'est d'être des tensions vers le futur, des désirs ou des volontés de changement, d'évolution, de progression. Dans tous les cas, quelque chose de fondamental est occulté ou court-circuité, à savoir la nature même de la vie, qui n'a d'autre réalité qu'en elle-même, peu importe où et quand elle se déroule. Vivre vraiment, si nous voulons reprendre l'expression en lui donnant un sens radical, consiste à ne plus poursuivre aucune réalisation, qu'elle soit matérielle ou spirituelle, qu'elle concerne le futur dans cette vie ou le futur dans une autre vie, qu'elle implique la continuité ou la discontinuité, qu'elle suppose d'être davantage soi-même ou de changer. Sur le plan fondamental de la vie, la poursuite est illusion, fuite. Il n'y a d'autre vie que celle en train de se dérouler.

La vraie vie

Que penser de cette phrase de Proust, placée au centre de son dernier livre, *Le temps retrouvé* : « La vraie vie, la vie enfin découverte et éclaircie, la seule vie par conséquent réellement vécue, c'est la littérature » ? Une telle phrase se trouve également au centre de la démarche de Thierry Hentsch dans ses deux beaux derniers livres, *Raconter et mourir* et *Le temps aboli*. Comme il le souligne en faisant référence à Proust, la littérature est « la vie réfléchie, ressaisie ». S'agit-il pour autant de la vraie vie ? Cela supposerait que seule la pensée puisse y avoir accès. Mais cela n'est-il pas au contraire rigoureusement impossible, la pensée sortant la vie d'elle-même, la mettant à l'écart ou à côté d'elle-même, n'en fournissant dès lors qu'un double intelligible, idéal ou idéalisé ? Disons-le d'emblée : opposer « vie » et « vraie vie », c'est s'inscrire dans l'idéalisme, qu'il soit platonicien ou chrétien. Précisons. La vie réfléchie, ressaisie, découverte ou retrouvée, est une vie perçue rétrospectivement, d'où le rôle essentiel de la mémoire. Mais la vie passée est-elle vraiment la vie, ou bien plutôt la vie qui n'est plus ? C'est le souvenir, c'est l'image ou la représentation réfléchissante, éclaircissante qui est présente, qui appartient au présent de l'acte de création de l'œuvre narrative. Quant à l'objet de ce souvenir, de cette image ou de cette représentation, peut-on dire qu'il est la vie ou n'est-il pas plutôt un double de celle-ci, d'où la part irréductible de fiction, de construction ou de reconstruction se trouvant dans tout récit ? La vie est le matériau de la littérature, mais comment peut-on dire que l'œuvre soit la vraie vie, à moins d'avoir encore une conception platonicienne de la vérité comme forme suprême, archétype ou modèle ? La vie serait alors le matériau sensible, imparfait et relatif, dont l'œuvre littéraire serait la vérité intelligible, immuable, absolue. N'est-ce pas d'ailleurs ce qui, *mutatis mutandis*, se passe effectivement chez Proust, et n'est-ce pas ce que lui reproche Nathalie Sarraute dans son essai *L'ère du soupçon*? Selon elle en effet, Proust n'a pas su faire sentir «les mouvements infimes et évanescents», la «matière trouble et grouillante» de la vraie vie. Permettons-nous de donner d'elle une longue citation à ce sujet: «Pour ce qui est de Proust, il est vrai que ce sont précisément ces groupes composés de sensations, d'images, de sentiments, de souvenirs qui, traversant ou côtoyant le mince rideau du monologue intérieur, se révèlent brusquement au-dehors dans une parole en apparence insignifiante, dans une simple intonation ou un regard, qu'il s'est attaché à étudier. Mais — si paradoxal que cela puisse sembler à ceux qui lui reprochent aujourd'hui encore son excessive minutie — il nous apparaît déjà qu'il les a observés d'une grande distance, après qu'ils ont accompli leur course, au repos, et comme figés dans le souvenir. Il a essayé de décrire leurs positions respectives comme s'ils étaient des astres dans un ciel immobile. Il les a considérés comme un enchaînement d'effets et de causes qu'il s'est efforcé d'expliquer. Il a rarement — pour ne pas dire jamais — essayé de les revivre et de les faire revivre au lecteur dans le présent, tandis qu'ils se forment et à mesure qu'ils se développent comme autant de drames minuscules ayant chacun ses péripéties, son mystère et son imprévisible dénouement.» En somme, Proust a trop souvent «fait de l'"analyse"», a «incité le lecteur à faire fonctionner son intelligence au lieu de lui avoir donné la sensation de revivre une expérience, d'accomplir lui-même, sans trop savoir ce qu'il fait ni où il va, des actions». Il est trop demeuré sur le plan des formes, des types, des idées, des images, voire des clichés, et n'a pas assez su prendre contact avec la matière vivante, sensible, grouillante, évanescente et obscure. La littérature n'est pas la vraie vie, si ce n'est pour la pensée, laquelle n'a de véritable contact qu'avec les idées, les images, les formes ou les modèles. Ce que peut la littérature, c'est tenter de faire «revivre» la vraie vie, ce qui implique de conserver de celle-ci la dimension irréductiblement indéterminée, irréfléchie, opaque et mystérieuse. La littérature aide à faire voir la vraie vie, mais elle n'est pas elle-même celle-ci, ou ne l'est que dans la mesure où elle est un acte vivant de création. La forme littéraire ne peut jamais tenir lieu de «contact direct et purement sensible avec les choses». Tout au plus peut-elle en donner l'illusion, cette illusion ou cette fiction servant à éclairer ce contact, à le mettre en honneur ou à le pointer du doigt, là seul où il peut se produire, dans la vie comme seule *vraie vie* — vie et vérité ne faisant qu'un.

Table des matières

DU MÊME AUTEUR

L'oubli, révolution ou mort de l'histoire, Paris, PUF, «Philosophie d'aujourd'hui», 1975; traduit en espagnol aux éditions Siglo Veintiuno sous le titre *El Olvido, revolución o muerte de la historia*, 1977

L'artiste, Montréal, L'Hexagone, «Positions philosophiques», 1985

Une vraie rupture. Méditations sur Fitzgerald, Lawrence, Nietzsche, Montréal, Hurtubise HMH, «Brèches», 1987

Éros et liberté (avec des dessins de É. Lachapelle), Montréal, Humanitas, 1988

Du philosophe. Une attitude singulière et impersonnelle, Montréal, Triptyque, 1988

Vie (avec des dessins de É. Lachapelle), Montréal, Humanitas, 1990

«La fiction comme exil», dans *Exil et fiction* (sous la dir. de G. Stoiciu et A. Maugey), Montréal, Humanitas, «Circonstances», 1992

Les ailes du songe. Rêve et réalité dans la bulle humaine, Montréal, Humanitas, 1992

La ligne de création, Montréal, Les Herbes rouges, «Essais», 1993 (prix de la Société des écrivains canadiens, 1994)

À pierre fendre. Essais sur la création, Montréal, Humanitas, 1994

Méditations I. Penser et créer, Montréal, Humanitas, 1995

Le silence de la pensée. L'immanence une et multiple, Montréal, Humanitas, 1995

Méditations II. Voyager et combattre, Montréal, Humanitas, 1996

Logique de l'excès, Montréal, Les Herbes rouges, «Essais», 1996

La vie au plus près, Montréal, Liber, 1997

Le cœur silencieux des choses. Essai sur l'écriture comme exercice de survie, Montréal, Liber, 1999

Éloge de la fragilité, Montréal, Liber, 2000

L'art et la vie (avec des dessins de Y. Duruz, T. Lebedeff et M. Sylvain), Montréal, Liber, 2001

«Fragments sur l'enseignement», dans *Pratiques de la pensée. Philosophie et enseignement de la philosophie* (avec des textes de R. Hébert, J. Marchand, M. Métayer et L.-M. Vacher), Montréal, Liber, 2002

Pour l'amour du monde, Montréal, Liber, 2002

«Le sens de l'insignifiant», dans *Accessoires. La littérature à l'épreuve du dérisoire* (sous la dir. de I. Décarie, B. Faivre-Duboz et É. Trudel), Québec, Nota bene, «Essais critiques», 2003

Connaissance de soi et vie quotidienne (avec des poèmes de S. Gendron), Montréal, Liber, 2003

«Pourquoi créer?», dans *Entre mythes et réalités: un espace prismatique. Les conditions socio-économiques de la pratique des arts visuels*, Montréal, RAAV, 2004

L'intelligence du corps, Montréal, Liber, 2004

La conversion du regard, Montréal, Liber, 2005